Johannes Gottschick, August Haacke

Programm des Gymnasiums zu Torgau

Johannes Gottschick, August Haacke

Programm des Gymnasiums zu Torgau

ISBN/EAN: 9783744647540

Hergestellt in Europa, USA, Kanada, Australien, Japan

Cover: Foto ©ninafisch / pixelio.de

Weitere Bücher finden Sie auf **www.hansebooks.com**

Kant's Beweis für das Dasein Gottes

vom

Oberlehrer Johannes Gottschick.

Vorbemerkung:

Ich bedaure nur die Kr. d. pr. V. und die Grundlegung zur Metaphysik der Sitten nach der Ausgabe von Rosenkranz citiren zu können (Bd. VIII.) Die Kr. d. r. V. citire ich nach der II. Aufl. Riga 1787., die Kr. d. U. nach der II. Aufl. Berlin 1793, die Religion innerhalb der Grenzen nach der II. Aufl. Königsberg 1794.

Kant's Beweis für das Dasein Gottes.

Es giebt wohl keinen Theil des so vielfach in Anspruch genommenen Kantischen Systems, der sich so einstimmiger Verurtheilung zu erfreuen hätte als der Beweis für das Dasein Gottes. Von Schleiermacher bis auf Pünjer geht das Verdikt, daß derselbe mit Kant's Prämissen in schroffstem Widerspruche, wie auch an sich, philosophisch und religiös angesehen, ungenügend sei. Auch Ritschl, dessen eigne Formulirung eines Beweises für das Dasein Gottes in ausgesprochener Anlehnung an Kantische Gedanken geschieht, erklärt die Hineinnahme der Glückseligkeit in den Begriff des höchsten Gutes für unbegreiflich, wie er auch den Grad der Gewißheit, der schließlich herauskommt, für unzulänglich zur wissenschaftlichen Begründung der Theologie erachtet. Unerklärlich nun ist die in diesem Beweis von Kant begangne Abweichung freilich für Pünjer*) nicht: „dieselbe (das heißt die Einführung der Glückseligkeit) zeigt uns, wie auch ein scharfsinniger Denker theils durch fremdartige Interessen theils durch einmal aufgenommene Begriffe sich zu Trugschlüssen verführen läßt, auf denen dann weiter gebaut wird, wie auf unerschütterlichen Grundlagen. Gott und Unsterblichkeit konnte Kant unmöglich entbehren; in dem System der theoretischen Vernunft war für sie kein Platz, also mußten sie, aus der Vorderthür herausgeworfen, durch die Hinterthür der praktischen Vernunft wieder hineingebracht werden; die Glückseligkeit hatte in allen früheren Systemen der Ethik eine so große Rolle gespielt, war dem allgemeinen Bewußtsein so wichtig, wie konnte sie bei Kant fehlen?" Findet man sich nun durch eine solche Erklärung nicht befriedigt, so ist man darauf hingewiesen, sich nach einem anderen Sinn der Glückseligkeit umzusehen, als dem des äußerlichen Wohlergehens, der so gerechten Anstoß giebt; und dazu hat man nun so mehr Veranlassung, als Kant stets die völlige Relativität dieses Begriffes betont hat. Man hat nun Kants Beweis um so mehr als einen Verstoß gegen den Idealismus bezeichnen zu müssen geglaubt, als Kant keine andre Glückseligkeit kenne als die der sinnlichen Natur. Dabei übersieht man, daß Kant jede, auch die sublimste intellectuelle Lust sinnlich nennt, daß ihm sinnliches und endliches Wesen acquivollente Begriffe sind. z. B. VIII, 130. — Ich glaube einen anderen und besseren Sinn jenes Beweises als die Meinung Kants nachweisen zu können und suche denselben zu erhärten durch eine Analyse der verschiedenen bei Kant vorkommenden Darstellungen desselben. Zur Orientirung stelle ich das Resultat voran. Wir können mit ungeschwächter Kraft nur dann unserer sittlichen Bestimmung nachstreben, wenn wir im Stande sind, den gesetzmäßigen, aber gegen die sittlichen Gesetze für unsre Erkenntniß gleichgiltigen Zusammenhang der Sinnenwelt, von dem unsre Existenz und der Erfolg unsrer sittlichen Handlungen abhängt, als zweckmäßiges Mittel für die Realisirung unsrer sittlichen Bestimmung zu beurtheilen. Dies können wir nur durch die Idee eines intelligiblen moralischen Urhebers der Natur. Die Glückseligkeit entspricht der religiösen Freiheit von der Welt. —

Eine hierauf bezügliche Gedankenreihe begegnet uns zuerst in der Kritik der reinen Vernunft. Methodenlehre II. Hauptst. I. Abschnitt: Von dem letzten Zwecke des reinen Gebrauchs unsrer Vernunft. p. 825—847. II. Abschnitt: Von dem Ideal des höchsten Gutes. Die transscendentale Analytik hatte das Ergebniß, daß alle allgemeingültigen synthetischen Urtheile über das, was ist, also alle Erkenntniß, alles Wissen, lediglich sich auf die Erscheinungswelt, die Welt möglicher Erfahrung beziehen. Die apriorischen synthetischen Grundsätze, durch welche gesetzmäßiger Zusammenhang in der Erscheinungswelt erst möglich wird, die es uns ermöglichen, die Erfahrung zu

---

*) B. Pünjer die Religionslehre Kants S. 39,

buchstabiren, zu lesen, erleiden keinerlei Anwendung auf nicht Erscheinendes, weil wir ohne unsere sinnliche Receptivität schlechterdings nicht die Fähigkeit besitzen, ein gegebenes Mannigfaltiges zu erlangen, auf welches die Formen, durch die ein Gegenstand gedacht wird, angewandt werden könnten, kurz weil wir keinen anschauenden Verstand haben. Die transscendentale Dialectik hatte erwiesen, daß die dogmatische Metaphysik, welche eine apriorische Erkenntniß transscendenter Objecte zu sein beansprucht und das Unbedingte in verschiedenen Beziehungen als gegebenes Object betrachtet, eine Scheinwissenschaft ist. Die theoretische Vernunft bringt es zu keiner Erkenntniß der Welt als eines systematischen Ganzen, einer unbedingten Totalität aller Reihen des Bedingten, da dies eine alle Erfahrung weit übersteigende Idee ist. Für die theoretische Thätigkeit bedeutet die Vernunftidee des Unbedingten, der Totalität aller Bedingungen, des systematischen Ganzen nur die Aufgabe, im Regressus der Bedingungen nie aufzu= hören, sondern ins Unendliche hin zu jeder Bedingung eine höhere zu suchen. Es ist nicht die constitutive Bedeutung einer Erkenntniß erzeugenden Kraft, sondern die regulative einer Maxime. Für die empirische Forschung ist in dieser Beziehung eines leitenden Gesichtspunktes, um Einheit in die besonderen Erkenntnisse zu bringen, von höchster Bedeutung die Gottesidee, das transscendentale Ideal, insofern der Gedanke des ens realissimum erkenntnißtheoretisch die Idee einer durchgängigen Bestimmung alles Möglichen der Erkenntniß oder eines Maximum der Abtheilung bedeutet. Es ist Stadlers Verdienst, zuerst nachgewiesen zu haben, daß diese regulative Idee identisch ist mit der in der Kr. d. U. erörterten der formalen Zweckmäßigkeit, oder der Angemessenheit der Natur zu einem logischen System, wie sie ausgedrückt ist in den drei leitenden Gedanken oder heuristischen Prinzipien der Homogenität, Specification, Continuität der Formen, ohne welche die empirische Forschung sich nicht über ein zusammenhangsloses Aggregat einzelner Erkenntnisse erheben würde.

647. „Das Ideal eines höchsten Wesens (dessen Dasein der ontologische Beweis aus seinem Begriffe als des alle Realität in sich befassenden Wesens darthun wollte) ist nichts anderes als ein regulatives Princip der Vernunft, alle Verbindung in der Welt so anzusehen, als ob sie aus einer allgenugsamen nothwendigen Ursache entspränge, um darauf die Regel einer systematischen und nach allgemeinen Gesetzen nothwendigen Einheit in der Erklärung zu gründen, und ist nicht eine Behauptung einer an sich nothwendigen Existenz". Am allerwenigsten ist der aposteriorische physicotheologische Beweis dazu angethan, auf theore= tischem Gebiete das Dasein eines allgenugsamen Grundes der Welt zu erhärten. 649. Das Unternehmen ist von vornherein verfehlt: denn wie kann jemals Erfahrung gegeben werden, die einer solchen Idee angemessen sein könnte? Der Beweis führt höchstens auf einen Weltbaumeister, der durch die Tauglichkeit des Stoffes, den er bearbeitet, immer sehr eingeschränkt wäre, nicht auf einen Weltschöpfer, dessen Idee alles unterworfen ist. Der Schluß von der in der Welt so durchgängig zu beobachtenden Ordnung und Zweck= mäßigkeit, als einer durchaus zufälligen Einrichtung, auf das Dasein einer ihr proportionirten Ursache erreicht gar nicht einen bestimmten Begriff, wie der der Gottheit als eines allgenugsamen Wesens sein muß: er kommt nicht über die Verhältniß=Vorstellungen von sehr großer, erstaunlicher, unermeßlicher Macht und Trefflichkeit hinaus. (Endlich) der Beweis erreicht nichts weniger als apodiktische Gewißheit. Die Annahme, auf die er hinauskommt, ist keine schlechthin nothwendige, sondern nur eine Hypothese, die stets beliebig und zufällig bleibt. „Wenn bloß von dem, was da ist, die Rede ist, das Bedingte, welches nur in der Erfahrung gegeben ist, jederzeit auch als zufällig gedacht wird, so kann die zu ihm gehörige Bedingung daraus nicht als schlechterdings nothwendig erkannt werden, sondern dient nur als eine respectiv nothwendige oder vielmehr nöthige, an sich selbst aber und a priori willkürliche Voraussetzung zur Vernunfterkenntniß des Bedingten.

Resultat: „der Schritt zu der absoluten Totalität ist durch den empirischen Weg ganz und gar unmöglich." Daß er von theoretischen Voraussetzungen a priori aus ebenfalls unmöglich ist, hat die Kritik der anderen Beweise dargethan. Vom theoretischen Gesichtspunkt aus kann mithin von einer Auffassung der Welt als eines Ganzen gar keine Rede sein: die Erfahrungserkenntniß ist in ihrer Möglichkeit begründet, sie ist weiterhin aufgefordert, in ihren Reihen des Bedingten ins Unendliche nach dem Unbedingten zu suchen, von dem sie weiß, daß sie es nie finden kann, und sie hat eine Regel bekommen, ihre Gesetze zu Einheiten zusammenzuordnen. — Es ist das darum nichts Geringes, was erreicht ist: daß nur Erscheinungen erkannt werden können, ist kein negatives oder beschränkendes Werthurtheil: der durch den transscendentalen Idealismus begründete empirische Realismus gewährt dem Erkennen der gegebenen Welt eine vor dem Stepticismus geschützte Sicherheit, und der empirischen Forschung sind außer der Verbürgung ihrer möglichen Allgemeingültigkeit auch noch fruchtbare Richtungs= linien vorgezeichnet worden. Aber eine Erkenntniß der Welt als eines Ganzen ist doch nicht erreicht. Wenn Kant nun in diesem Zusammenhange auf die verrufenen Postulate zu sprechen kommt, so hat man doch schwerlich Veranlassung, ein aus wer weiß was für Rücksichten mühsam ausgeklügeltes Anhängsel zur Moral zu vermuthen. Das leitende Motiv der Kant'schen Gedanken ist hier unverkennbar, es ist das Interesse an der systematischen Einheit eines Ganzen der Welt, das Verlangen nach einer einheitlichen Weltanschauung. „Die Vernunft (so beginnt der citirte I. Abschnitt) wird durch einen Hang ihrer Natur getrieben, über den Erfahrungsgebrauch hinauszugehen, sich in einem reinen Gebrauch und ver= mittelst bloßer Ideen zu den äußersten Grenzen aller Erkenntniß hinauszuwagen, und nur allererst in der Vollendung ihres Kreises, in einem für sich bestehenden systematischen Ganzen, Ruhe zu finden. Ist nun diese Bestrebung bloß auf ihr speculatives, oder vielmehr einzig und allein auf ihr praktisches Interesse gegründet?" Dieser „Hang unsrer Vernunst" also ist es, der über die constitutiven Grundsätze und über die regulativen Principien hinaustreibt. Man wird nicht leugnen können, daß dieser „Hang" auch anderswo als in der von Kant abgethanen alten dogmatischen Metaphysik sich bethätigt hat und noch bethätigt, und es ist noch sehr die Frage, ob auf so legitimem Wege und unter so kritischer Disciplin, wie in den Erörterungen, in welchen Kant die Quelle dieses Hanges aufspürt und ihm seine legitime Befriedigung zuweist. — Kant erinnert zunächst daran, daß die drei Sätze der dogmatischen Metaphysik, welche die Freiheit des Willens, die Unsterblichkeit der Seele und das Dasein Gottes lehrten, keinen Gebrauch gestatten würden, den in concreto d. i. der Naturforschung seinen Nutzen bewiese, daß also selbst die Erkenntniß ihrer Wahrheit für die Erkenntniß der Gegenstände der Erfahrung fruchtlos sein würde. Denn die Phänomena der Willenshandlungen sind wie alle übrigen Naturerscheinungen nach unverbrüchlichen Gesetzen der Natur zu erklären. Die Einsicht in die geistige Natur der Seele erweitert, weil unser Begriff einer unkörperlichen Natur bloß negativ ist, unsre Erkenntniß nicht im mindesten. Auch der Beweis des Daseins einer höchsten Intelligenz würde uns nur das Zweckmäßige in der Welteinrichtung im Allgemeinen begreiflich machen, uns aber nicht gestatten, eine besondre Anstalt und Ordnung daraus abzuleiten oder zu erschließen, da wir Naturwirkungen nur von Natur= ursachen ableiten dürfen. — Diese in vielen Variationen bei Kant wiederkehrenden Gedanken machen darauf aufmerksam, daß Kant doch wohl schwerlich so verstecktens mit sich und uns spielt, wie diejenigen seiner Kritiker meinen, die davon reden, er habe, um ängstliche Gemüther zu beschwichtigen, zur Hinter= thür wieder hineingelassen, was er zur Vorderthür hinausgeworfen. Die Fruchtbarkeit für Gründung und Erweiterung einer Erfahrungserkenntniß ist auf theoretischem Gebiet der Maßstab der objektiven Realität der Begriffe: objektive Realität in diesem Sinne, zu diesem Behufe kann transscendenten Begriffen nie zuwachsen, mögen wir auf andre Weise einen noch so hohen Grad der Gewißheit, ja apodiktische Gewißheit von ihrer Realität erlangen.

Kant zieht aus dem Obigen betreffs der 3 Sätze den Schluß, daß ihre Wichtigkeit wohl eigentlich nur das Praktische angehen müsse, und daß „ihre letzte Absicht der weislich uns versorgenden Natur bei der Einrichtung unserer Vernunft eigentlich nur auf's Moralische gestellt sei," um geht dann daran, die auf theoretischem Gebiet nicht erreichbare „systematische Einheit" zum praktischen Behuf dar= zuthun. Er geht aus von dem kurz skizzirten Begriff der moralischen Gesetze: „Ich nehme an, daß es wirklich reine moralische Gesetze gebe, die völlig a priori (ohne Rücksicht auf empirische Beweggründe b. i. Glückseligkeit) das Thun und Lassen b. i. den Gebrauch der Freiheit eines vernünftigen Wesens überhaupt bestimmen, und daß diese Gesetze schlechterdings (nicht bloß unter Voraussetzung anderer empirischer Zwecke) gebieten und also in aller Absicht nothwendig seien."

Die apriorische und unbedingte Nothwendigkeit des moralischen Gesetzes beweist, daß „die Vernunft im moralischen Gebrauche Principien der Möglichkeit der Erfahrung enthält, nämlich solcher Hand=

lungen, die den sittlichen Vorschriften gemäß in der Geschichte des Menschen anzutreffen sein könnten. Denn da sie gebieten, daß solche geschehen sollen, so müssen sie auch geschehen können, und es muß also eine besondere Art von systematischer Einheit, nämlich die moralische, möglich sein." Die moralischen Vernunstprincipien drücken eine systematische Einheit aus als Regulativ, als Forderung, die aber verwirklicht werden kann, weil „die Vernunst in Ansehung der Freiheit Causalität hat". (Unter Freiheit will Kant in diesem Zusammenhange nicht die transscendentale, sondern die praktische, die durch Erfahrung beweisbare Fähigkeit verstanden wissen, unabhängig von sinnlichen Ursachen, mithin durch Bewegursachen, welche nur von der Vernunst vorgestellt werden, bestimmt zu werden.) In der Beziehung auf diese mögliche Erfahrung kommt nun den Principien der reinen Vernunst „in ihrem praktischen, namentlich aber dem moralischen Gebrauche" objective Realität zu, d. h. dem Grade nach apodiktische Gewißheit. Daß das moralische Gesetz hier gleichen Werth hat mit der in der Grundlegung und in der Kr. d. pr. V. gebrauchten Formel eines Reichs der Zwecke, darin jedes Glied Endzweck, beweist das Folgende,*) das zugleich in instructiver Weise darthut, daß das Intelligible nicht den Sinn einer mythischen, transscendenten Erklärung des Empirischen à la Schopenhauer hat, sondern den eines Regulativs, eines Gesichtspunkts, den wir anwenden, eines Standpunkts, auf den wir uns versetzen müssen. „Ich nenne die Welt, sofern sie allen sittlichen Gesetzen gemäß wäre (wie sie es denn, nach der Freiheit der vernünftigen Wesen sein kann, und nach den nothwendigen Gesetzen der Sittlichkeit sein soll) eine moralische Welt. Diese wird insofern bloß als intelligible Welt gedacht, weil darin von allen Bedingungen (Zwecken) und selbst von allen Hindernissen der Moralität in derselben (Schwäche oder Unlauterkeit der menschlichen Natur) abstrahirt wird. So fern ist sie also eine bloße, aber doch praktische Idee, die wirklich ihren Einfluß auf die Sinnenwelt haben kann und soll, um sie dieser Idee soviel als möglich gemäß zu machen. Die Idee einer moralischen Welt hat daher objective Realität, nicht als wenn sie auf einen Gegenstand einer intelligiblen Anschauung ginge (dergleichen wir uns gar nicht denken können),**) sondern auf die Sinnenwelt, aber als einen Gegenstand der reinen Vernunst in ihrem praktischen Gebrauche und ein corpus mysticum der vernünftigen Wesen in ihr, sofern deren freie Willkür unter moralischen Gesetzen sowohl mit sich selbst als mit jedes anderen Freiheit durchgängige systematische Einheit an sich hat." — Wird nun eine Welt, welche durchweg von dieser Idee bestimmt wäre, existirend gedacht, die Idee als erfüllt genommen, was wäre der Erfolg oder die Wirkung der Handlungen der nach dieser Idee ihre Freiheit bestimmenden Glieder dieser Welt? Was sich da ergiebt, ist einfache Folgerung aus der Idee einer solchen rein-moralischen Welt, in die wir behufs des sittlichen Handels uns versetzen müssen. „Nun läßt sich in einer intelligibeln d. i. der moralischen Welt, in deren Begriff wir von allen Hindernissen der Sittlichkeit (der Neigungen) abstrahiren, ein solches System der mit der Moralität verbundenen proportionirten Glückseligkeit auch als nothwendig denken, weil die durch sittliche Gesetze theils bewegte theils restringirte Freiheit selbst die Ursache der allgemeinen Glückseligkeit, die vernünftigen Wesen also selbst, unter der Leitung solcher Principien, Urheber ihrer eigenen und zugleich anderer dauerhaften Wohlfahrt sein würden." —

Hier haben wir nun den genuinen und unverfänglichen Sinn, in welchem Glückseligkeit mit der Sittlichkeit verbunden ist: es ist der Erfolg des sein Ziel erreichenden guten Handelns. Von einer Befriedigung egoistischer Neigungen, oder sinnlicher Neigungen, die durch das Sittengesetz ausgeschlossen sind, kurz von dem anti-idealistischen Sinn der Glückseligkeit, kann nicht die Rede sein in einer intelligiblen Welt d. i. in einer solchen, „in deren Begriff wir von allen Hindernissen der Sittlichkeit (den Neigungen) abstrahiren." Ebenso wenig aber meint Kant die Befriedigung, die das gute Handeln immer von selbst mit sich bringt — eine sophistische Interpretation der Glückseligkeit, die Kant in anderem Zusammenhange mehrsach gegeißelt hat ***) und die hier ausdrücklich ausgeschlossen ist durch die Worte „Urheber ihrer

---

*) cf. S. 839. Die Sittlichkeit an sich selbst macht ein System aus.

**) Es wäre das eine abstract sinnlich-real existirende gespenstische Schattenwelt hinter unserer concret sinnlich-realen Welt.

***) VIII. 216. „Der Trost der Pflichterfüllung ist nicht Glückseligkeit, auch nicht das mindeste Theil derselben." Kant hat diese ihm so häufig angebotene Correctur seines Rigorismus und Eudämonismus wohl gekannt. Die Sache ist auch ihm im vollsten Maaße nothwendig, wie seine Anmerkung in der Rel. i. d. Gr. gegen Schiller beweist. (S. 11.) Aber weder ge-

5

eigenen und zugleich anderer dauerhaften Wohlfahrt". Von hier aus bekommen nun auch die gangbaren Formeln ihr Licht, die die Kant'schen Gedanken so verrufen gemacht haben und die uns schon hier begegnen. Nicht annehmbarer hat Kant sein rigoristisches System machen wollen, indem er es hinterher auf den Kopf stellte; wohl aber sind durch die gegensätzliche Bezugnahme auf die herrschende eudämonistische Moral die gewählten Ausdrücke bestimmt. Es sind die beiden Ausdrücke der Glückwürdigkeit und der der jedesmaligen Glückwürdigkeit proportionirten Glückseligkeit. Selbst Cohen (Kants Begründung der Ethik. S. 310.) läßt sich dagegen hören: „Somit ist denn das Sittengesetz nicht mehr der alleinige Werth, die alleinige Würde, die für das moralische Wesen gedacht werden kann, sondern es giebt nun eine Glückwürdigkeit. Und so verflüchtigt sich der Endzweck in das abgewiesne genetivische Verhältniß. Nicht eine absolute Würdigkeit, sondern eine einer andern Sache würdige Position wird aufgestellt. So wird die Tugend zur obersten Bedingung zwar, aber dennoch zur Bedingung, also zum Mittel „aller unserer Bewerbung um Glückseligkeit." Nicht das Sittengesetz allein und ausschließlich, sondern zugleich die Glückseligkeit in der Welt wird als Zweck an sich gedacht." — Zuerst die Glückwürdigkeit. Wie überall*) ist der Ausdruck auch hier gewählt im Gegensatz zu der Glückseligkeitsmoral, die es nur zu relativ geltenden Klugheitsregeln bringt. (834.) „Das praktische Gesetz aus dem Bewegungsgrunde der Glückseligkeit nenne ich pragmatisch (Klugheitsregel), dasjenige aber, wofern ein solches ist, das zum Bewegungsgrunde nichts andres hat, als die Würdigkeit, glücklich zu sein, moralisch (Sittengesetz)." — Die Diatribe Cohens ist in hohem Grade sophistisch. Kant sagt: nicht die Glückseligkeit darf Beweggrund meines Handelns sein, so daß all mein Handeln sich als Mittel zu ihr verhielte, von ihr ihren Werth empfinge, solche Relativität muß ferne bleiben; und nun soll Kant als Gegensatz dem die gleiche Relativität gegenüberstellen, soll die Befolgung des Sittengesetzes bezeichnen als „Bedingung, also als Mittel den gleichen Zweck zu erreichen, den er eben abgewiesen? Ein so relatives Gesetz kann eben nur rathen, was zu thun ist, um einen bereits feststehenden Zweck zu erreichen, nicht aber gebieten, unbedingt gebieten, um allererst einen Zweck festzustellen. Weil der erste abgewiesne Maßstab ein relativer ist, muß eben der zweite ein absoluter sein, auch in diesem Satze sein sollen. Es wäre ja überall für Kant sinnlos, den Inhalt des Sittengesetzes durch eine Relation zu einer bestimmte oder beliebige Neigungen durch Naturmittel befriedigenden Glückseligkeit feststellen zu wollen, und doch müßte dies geschehen, doch müßte dieser Inhalt aus der Erfahrung erholt werden. Das genetivische Verhältniß ist eben um des Ausdrucks Glückwürdigkeit willen nicht in diesem relativen Sinne zu verstehen. Der Gegensatz zeigt vielmehr, daß Kant mit ihm grade den Werth betonen will, den das Sittengesetz schlechterdings in sich hat. Aber eine Relation muß doch statt haben! Gewiß, aber nicht die einer Bedingung, die Mittel wäre. Es sind zwei Urtheile in dem Ausdruck „Glückwürdigkeit als Beweggrund unsres Handelns" eingeschlossen: das erste stellt den absolut werthvollen, unbedingt um seiner selbst willen geltenden Inhalt hin, das zweite fügt durch Hinzunahme eines andern Gesichtspunkts, der aber nothwendig herbeigezogen werden muß, die Relation hinzu, die aber die Unbedingtheit der ersten Position nicht aufhebt, sondern grade aus ihr folgt. Das Gesetz bestimmt nur den Willen, entscheidet darum nicht über den Erfolg der Handlung, die der Wille will. Nun stellt freilich nicht der Erfolg den Werth des der Handlung zu Grunde liegenden Willens fest, wohl aber ist es ein unerläßliches Werthurtheil, daß der gute Wille es werth ist, Erfolg zu haben, grade weil er unbedingt werthvoll ist. Die absolute Würde des guten Willens, die unantastbar fest steht, ist eben ihrer Absolutheit willen es werth, Erfolg zu haben. Das bedeutet das nothwendige Urtheil der von aller Privatabsicht freien Vernunft, wenn sie, ohne dabei ein eigenes Interesse in Betracht zu ziehen, sich in die Stelle eines Wesens setzte, das alle Glückseligkeit andern auszutheilen hätte" S. 841. In einer Welt, in der von allen Hindernissen der Moralität abstrahirt wird, die

5

____
hatte er die eudämonistischen Begründung der Ethik sich in diese ideale Burg zurückzuziehen (vgl. die Vorrede zur Tugendlehre, die den Nachweis führt, daß diese Aetiologie „sich im Cirkel herumdreht") noch ist er selbst „idealistisch" genug mit dieser Eudämonie sich zu begnügen vgl. VIII. 253. 254.
*) Z. B.: K. r. V. Cr. Z. 52. Anm. Schluß. „Nicht Glück'el'gkeit ist unser Natur nach als mit Vernunft und Freiheit begabter Wesen das Erste, noch auch unbedingt ein Gegenstand unsrer Maximen, sondern dies ist die Würdigkeit glücklich zu sein d. i. die Uebereinstimmung aller unsrer Maximen mit dem moralischen Gesetz."

durchweg von moralischen Gesetzen beherrscht wird, wäre dieser Erfolg der Glückseligkeit eine noth= wendige physische Wirkung: in unserer ist es nur ein sittlich nothwendiges Urtheil, daß er eintreten müsse, ohne daß er darum einträte. Machen wir uns noch aus einer andern Rücksicht klar, daß Kant mit der „proportionirten Glückseligkeit" nicht einen mechanisch addirten Lohn beliebiger Qualität, sondern einen organisch erwachsenden Erfolg der gleichen Qualität gemeint haben kann. „Glückseligkeit ist die Befriedigung aller unsrer Neigungen." Damit ist gegeben, daß dieselbe ein relativer Begriff ist, der seinen Inhalt erst von der jedesmaligen Neigung der betreffenden Subjecte erhält. Kann nun, da von der Neigung im moralischen Handeln abstrahirt werden muß, die Glückseligkeit jemals sittlich geadelt werden? Neigung ist eine Beschaffenheit des Begehrungsvermögens. Das letztere soll nun durch die Pflicht, durch das Sittengesetz bestimmt werden, und nur der erst ist würdig glücklich zu sein, der dies durchweg thut. Damit ist also die Beschaffenheit des Begehrungs= vermögens desjenigen Subjects, welchem ein Anrecht auf Glückseligkeit zugesprochen wird, bestimmt. Und damit wird auch Art und Inhalt der hier in Betracht kommenden Glückseligkeit bestimmt. Wie Kant oft genug nachweist, ist ja Glückseligkeit ein reiner Relationsbegriff, darum für sich aufgefaßt ein unvollziehbares Ideal der Einbildungskraft. Es kann also nicht davon die Rede sein, bloß die Proportion festzustellen, in welcher von einem nach Art und Inhalt feststehenden Etwas das betreffende Quantum zuzutheilen sei. Noch weniger kann die Rede sein von Befriedigung der durch das Gesetz nicht disciplinirten Neigungen. Somit ist der Maßstab für den Relationsbegriff der Glückseligkeit, durch welchen derselbe erst seinen Inhalt der Art nach, nicht nur das entsprechende Quantum bestimmt bekommt, das durch das Sittengesetz disciplinirte Begehrungsvermögen des sittlichen Subjects. Denn daß die sonst wohl ins Feld geführte Distinction eines höheren und niederen Begehrungsvermögens hier nicht hindert, dürfte nachgerade feststehen nach Cohens und Stadlers Nachweisungen, daß Kant nicht die mythologische Vermögenstheorie gehabt. — Jetzt wird es weniger anstößig klingen, wenn Kant erklärt: „ich sage demnach, daß eben sowol, als die moralischen Principien nach der Vernunft in ihrem praktischen Gebrauche nothwendig sind, ebenso nothwendig sei es auch nach der Vernunft, in ihrem theoretischen Gebrauche anzunehmen, daß jedermann die Glückseligkeit in demselben Maaße zu hoffen Ursache habe, als er sich derselben in seinem Verhalten würdig gemacht hat, und daß also das System der Sittlichkeit mit dem der Glückseligkeit unzertrennlich, aber nur in der Idee der reinen Vernunft verbunden sei." Der letzte Zusatz weist darauf hin, daß mit der „Propor= tionalität" nicht eine patriarchalische kindliche Beglückungsmaxime gemeint ist. Es ist eine höhere Anschauung, die hier vorliegt. Die Vernunft fordert es eine Welt zu denken, die wirklich eine absolute Totalität, ein Ganzes ist, die etwas Höheres ist als das Object unsrer Erkenntniß, die Sinnenwelt, die schrankenlose Vielheit, die unter allgemeinen Gesetzen stehend wohl eine Erfahrung möglich macht, in der wir aber schon zu besonderen Gesetzen, zu wirklich geordneter Erfahrungserkenntniß erst gelangen können, wenn wir sie betrachten, als ob sie ein Ganzes wäre. Die moralischen Gesetze sind eine systematische Einheit, als systematische Einheit muß auch die von ihnen beherrschte, in der Form nicht des Sollens, sondern des Seins existirende Welt gedacht werden, in die wir zum Behuf des sittlichen Handelns uns versetzen müssen. Der Erfolg des durch sie bestimmten Begehrungsvermögens ist die Glückseligkeit, die hier in Frage kommt; nun gilt es: 839 „die Sittlichkeit an sich selbst macht ein System aus, aber nicht die Glückseligkeit, außer, sofern sie der Moralität genau angemessen ausgetheilt ist." Dieses Postulat erheben sich aber das moralische Gesetz auf eine nicht gedachte, sondern wirkliche Welt, auf die freien Wesen, die Glieder der Sinnenwelt sind, in welcher die sinnlichen Neigungen sich der Causalität der reinen Vernunft entgegensetzen und in welcher der Erfolg unsrer Handlungen von den gegen die moralischen Gesetze gleichgiltigen Gesetzen der Natur außer und im Menschen abhängt resp. durch unsre nie vollendete, beim Einzelnen natürlich mehr oder minder, immer aber höchst fragmentarische Kenntniß desselben bedingt ist. Kant fährt in der oben citirten Hauptstelle (S. 837) fort: „Aber dieses System der sich selbst lohnenden Moralität ist nur eine Idee, deren Ausführung auf der Bedingung ruht, daß jeder= mann thut, was er soll d. i. alle Handlungen vernünftiger Wesen so geschehen, als ob sie aus einem oberſten Willen, der alle Privatwillkür in ſich oder unter ſich befaßt, entſprängen. Da aber die Verbindlichkeit aus dem moraliſchen Geſetze für jedes beſonderen Gebrauch der Freiheit gültig bleibt, wenn gleich andre ſich dieſem Geſetze nicht gemäß verhielten, ſo iſt weder aus der Natur der Dinge der Welt, noch der Cauſalität der Handlungen ſelbſt und ihrem Verhältniſſe zur Sittlichkeit beſtimmt, wie ſich ihre Folgen zur Glückſeligkeit verhalten werden, und die angeführte nothwendige Verknüpfung der Hoffnung glücklich zu ſein, mit dem unabläſſigen Beſtreben ſich der Glückſeligkeit würdig zu machen, kann durch die Vernunft nicht erkannt werden, wenn man bloß Natur zum Grunde legt, ſondern darf nur gehofft werden, wenn eine höchſte Vernunft, die nach moraliſchen Geſetzen gebietet, zugleich als Urſache der Natur zum Grunde gelegt wird." --

Die nähere Analyſe dieſer höchſten Vernunft als eines allgenügſamen, allmächtigen ꝛc. Urweſens hat hier kein Intereſſe. Ich ſetze nur den Anfang her, der auf's neue zeigt, was für ein Begriff dem der Glückſeligkeit aequipollent*) iſt: „wenn wir aus dem Geſichtspunkt der ſittlichen Einheit als einem nothwendigen Weltgeſetze die Urſache erwägen, die dieſem allein den angemeſſenen Effect geben kann."

Was in der theoretiſchen Philoſophie nicht erreicht ward, eine einheitliche Anſchauung der Welt als eines Ganzen als Gewißheit oder die „Realität" einer ſolchen Idee (Realität hier nicht als regulative, wie die der moraliſchen Geſetze, ſondern als Realität eines auf etwas Seiendes bezüglichen Begriffes) iſt von der praktiſchen Vernunft dargethan (in welcher Beſchränkung, werden wir weiterhin ſehen). Die zweckmäßige Einheit aller Dinge iſt ein nothwendiger Begriff, er kann und muß als real gedacht werden durch die Annahme eines übernatürlichen moraliſch-vernünftigen Gottes.

842. „Glückſeligkeit, in dem genauen Ebenmaße mit der Sittlichkeit der vernünftigen Weſen, dadurch ſie derſelben würdig ſind, macht allein das höchſte Gut einer Welt aus, darein wir uns nach den Vorſchriften einer reinen aber praktiſchen Vernunft durchaus verſetzen müſſen, und welche freilich nur eine intelligible Welt iſt, da die Sinnenwelt uns von der Natur der Dinge dergleichen ſyſtematiſche Einheit der Zwecke nicht verheißt, deren Realität auch auf nichts andres gegründet werden kann, als auf die Vorausſetzung eines höchſten urſprünglichen Gutes, da ſelbſtändige Vernunft mit aller Zulänglichkeit einer oberſten Urſache ausgerüſtet, nach der vollkommenſten Zweckmäßigkeit die allgemeine, obwol in der Sinnenwelt uns ſehr verborgne Ordnung der Dinge gründet, erhält und vollführt."

843. „Dieſe ſyſtematiſche Einheit der Zwecke in dieſer Welt der Intelligenzen, welche, obzwar als bloße Natur, nur Sinnenwelt, als ein Syſtem der Freiheit aber, intelligible d. i. moraliſche Welt genannt werden kann, führet unausbleiblich auch zu der zweckmäßige Einheit aller Dinge, die dieſes große Ganze ausmachen, nach allgemeinen Naturgeſetzen, ſo wie die erſtere nach allgemeinen und nothwendigen Sittengeſetzen, und vereinigt die praktiſche Vernunft mit der ſpeculativen. Die Welt muß als aus einer Idee entſprungen vorgeſtellt werden, wenn ſie mit demjenigen Vernunftgebrauch, ohne welchen wir uns ſelbſt der Vernunft unwürdig halten würden, nämlich dem moraliſchen, als welcher durchaus auf der Idee des höchſten Guts beruht, zuſammenſtimmen ſoll." Ja Kant geht ſo weit, den regulativen Gebrauch der Vernunft in ſpeculativer Hinſicht, die Aufgabe, Einheit in die Natururſachen nach dem Princip der Zwecke zu bringen von dem auf praktiſchem Gebiet gewonnenen Reſultat abhängig zu machen: „ſo würde die transcendentale Steigerung unſerer Vernunfterkenntniß nicht die Urſache, ſondern bloß die Wirkung von der praktiſchen Zweckmäßigkeit ſein, die uns reine Vernunft auferlegt."

Wir haben hier die Grundlinien des vorangeſtellten Reſultates bewährt gefunden. Beſonders merthvoll iſt die Stelle S. 842. Es wird nun die Hauptaufgabe ſein, den Zuſammenhang dieſer Gedanken mit Kants Ethik nachzuweiſen. Ich wende mich demgemäß zur Kritik der praktiſchen Vernunft.

Die Lehre vom höchſten Gut gehört nicht zur Begründung der Ethik, hat mit der Beſtimmung des Inhalts des praktiſchen Geſetzes nichts zu thun. Letzteres wird als Geſetz der reinen praktiſchen

*) Vgl. dafür auch S. 864. „die moral. Geſetze waren es, deren innere prakt. Nothwendigkeit uns zu der Vorausſetzung eines weiſen Weltregierers führte, um jenen Geſetzen Effect zu geben."

Vernunft streng a priori gefunden, und es wird dabei auf die endliche Natur des Menschen als Sinnen= wesens gar nicht reflectirt: erst in der Beziehung des Intelligiblen auf das Sinnliche entspringt jene Gedankenreihe. Ganz das Gleiche gilt von den Begriffen der Pflicht und Achtung: sie haben Bezug auf den Willen eines Wesens, für das nicht von selbst und unmittelbar das apriorische Gesetz der reinen praktischen Vernunft Bestimmungsgrund ist. Diese beiden Gedankenreihen müssen also als Cor= relate gefaßt werden. Und eine hier begangne Incongruenz wird hervortreten, wenn entweder in dem Nachweis, daß der vom sittlichen Gesetz bestimmte Wille des Menschen, der endliche Sinnenwesen ist, sich auf das höchste Gut richten muß, der sittliche Bestimmungsgrund des Willens Verunreinigung erfährt, oder, wenn in der Anwendung des apriorischen Gesetzes der reinen Vernunft auf das empirische Subject, wo die Begriffe, objectiv der Pflicht, subjectiv der Achtung vor dem Gesetz entstehen, keinerlei nothwendige Beziehung auf ein solches höchstes Gut vorbereitet ist, wie dasselbe in der Formel „allge= meine Glückseligkeit unter der Bedingung der Einstimmung mit dem moralischen Gesetz" ausgedrückt ist. Untersuchen wir zunächst das II. Glied der Disjunction. Der Zielpunkt der Untersuchung ergiebt sich aus Folgendem. Indem im Gedanken des höchsten Gutes ein oberster Zweck vorgestellt wird, der aus dem sittlichen Gesetz, sofern es alleiniger Bestimmungsgrund des Willens ist, abfolgt, den sich zu setzen dieses fordert, so tritt zu der Achtung vor dem Gesetz, die der Bestimmungsgrund des Willens ist und einzig bleiben muß, ein andres nothwendig hinzu, was von dem Gedanken eines Zweckes als Gegen= standes des Willens unabtrennbar ist. Es ist dies das Gefühl der Lust, welches der Gedanke der Ver= wirklichung dieses Zweckes hervorruft, die Liebe zu diesem Zwecke, ein Gefühl, welches nicht Grund ist, sich diesen Zweck zu setzen — er hat eine andre Quelle — wohl aber nothwendige Folge davon, daß das sittliche Gesetz als Bestimmungsgrund unsres Willens uns diesen Zweck aufgiebt.*) Nun ist jedes Gefühl der Lust bezüglich auf Förderung der Lebensbedingungen unsres Selbst und setzt mithin unsre Selbstliebe voraus: die Lust, die ein Zweck uns erregt, hängt ab von der Förderung, die er unserm Selbst verspricht. Hier handelt es sich um den höchsten, alle andern in sich befassenden Zweck, mithin wird die Selbstliebe hier die Totalität der ihr sittlich zuzumessenden Befriedigung gewinnen. Es wird sich nun fragen, ob die Achtung vor dem Gesetz, der einzig sittlich berechtigte Bestimmungs= grund unsres, des empirischen, natürlicherweise von Maximen der Selbstliebe bewegten Willens, mit dieser natürlichen Selbstliebe, der unabtrennbaren psychologischen Form des endlichen Begehrungs= vermögens, eine solche Synthese eingeht, daß die Achtung ihr Correlat in der vernünftigen Selbstliebe findet. Allerdings ist in dem diesbezüglichen Abschnitt der Kr. d. pr. V. (III. Hauptst. d. Analytik: von den Triebfedern rc.) nichts weniger als das Erörterte die Absicht des Kantischen Gedankenganges. Sein Ziel ist vielmehr der Nachweis, unter welchen begleitenden Umständen das seinem Begriffsinhalt nach unwandelbar bestimmte moralische Gesetz zur Maxime des empirischen Willens werden könne; K. ist dabei ängstlich bemüht, jene Einmischung einer empirischen Triebfeder, sei es der Glückseligkeit, sei es eines moralischen Instinktes auszuzschließen. (Er braucht darum nicht die kritischen Princi= pien der Sittlichkeit als dogmatische gebraucht zu haben — würden doch keine dogmatischen Principien der Sittlichkeit berechtigt sein, die etwas andres als den in der Achtung vor dem Gesetz zu erlebenden Werth desselben zum Bestimmungsgrunde des Willens machten, weil dann der Wille eben vor den kritischen Principien nicht mehr zu gut bestehen könnte.) Nun findet sich in der Rel. i. d. Gr. eine Erörterung, die der Sache nach mit dem angezogenen Abschnitt der Kr. d. pr. V. zusammentrifft. (Rel. i. d. Gr., S. 50. Anm.) Kant zeigt dort, eine Selbstliebe des Wohlwollens gegen uns selbst in seine Maxime aufzunehmen sei natürlich, dieselbe könne auch insofern vernünftig sein, als Zweck und Mittel so gewählt werden könnten, um ein dauerhaftes Wohlergehen zu ermöglichen. Aber „die Ver= nunft vertritt hier nur die Stelle einer Dienerin der natürlichen Neigung; die Maxime aber, die man deshalb annimmt, hat gar keine Beziehung auf Moralität. Wird sie aber zum unbedingten Princip der Willkür gemacht, so ist sie die Quelle eines unabsehlich großen Widerstreites gegen die Sittlichkeit.

---

*) Vgl. Rel. i. d. Gr. Vorrede S. X. Anm.: „Zweck ist jederzeit der Gegenstand einer Zuneigung, das ist einer unmittelbaren Begierde zum Besitz einer Sache, vermittelst einer Handlung; sowie das Gesetz (das praktisch gebietet) ein Gegenstand der Achtung ist. Ein objectiver Zweck (d. h. derjenige den wir haben sollen) ist der, welcher uns von der bloßen Vernunft als ein solcher aufgegeben wird."

Eine vernünftige Liebe des Wohlgefallens an sich selbst kann entweder so verstanden werden, daß wir uns in jenen schon genannten, auf Befriedigung der Naturneigungen abzweckenden Maximen (sofern jener Zweck durch Befolgung derselben erreicht wird) wohlgefallen; und da ist sie mit der Liebe des Wohlwollens gegen sich selbst einerlei. Allein die Maxime der Selbstliebe des unbedingten (nicht von Gewinn oder Verlust als den Folgen der Handlungen abhängenden) Wohlgefallens an sich selbst würde das innere Princip einer allein unter der Bedingung der Unterordnung unsrer Maximen unter das moralische Gesetz uns möglichen Zufriedenheit sein. Man könnte diese die Vernunftliebe seiner selbst nennen." Kant macht aber von diesem Ausdruck keinen weiteren Gebrauch wegen der leicht möglichen Verwechslung mit dem sich im Cirkel drehenden Begriff der „vernünftigen, aber nur unter der letzteren Bedingung moralischen Selbstliebe" — ist doch umgekehrt die Moralität der Selbstliebe vielmehr die Bedingung ihrer Vernünftigkeit. — Giebt es somit ein Gefühl der Würde und des Werthes, welches das empirische Subject von sich hat, sofern es sich seiner Maxime bewußt ist, die Achtung für das Gesetz zur höchsten Triebfeder seiner Willkür zu machen, so ist eine der Reinheit der moralischen Gesinnung in keiner Weise Eintrag thuende, vielmehr ganz auf diese begründete Synthese von Selbstliebe und Achtung vor dem Gesetz hergestellt, der zufolge die gefühlsmäßige Achtung vor dem Gesetz zusammen existirt nur mit der gefühlsmäßigen Form der Selbstachtung und für letztere einen Rechtsgrund*) abgiebt. Weiter wird dann aus der Selbstliebe als zuständlichem Gefühl des Werthes nothwendig hervorgehen die Selbstliebe als Begehren nach der Erhaltung, Förderung, Vollendung des so begründeten Selbstzwecks, so wie ein ebenfalls von der so begründeten Selbstliebe umfaßtes Begehren nach den durch das sittliche Gesetz, auf der innern Bestimmtheit durch welches diese vernünftige Selbstliebe beruht, aufgegebnen Zwecken, resp. dem sie umfassenden obersten Endzweck. Und das wäre ein weiteres Correlat des Pflichtbegriffes.

Sehen wir, wie die Kr. d. pr. V. zu diesem Resultate sich stellt.

Praktische Gesetze müssen, sofern sie als Gesetze aus reiner Vernunft stammen, unbedingt gelten d. i. für den Willen eines jeden vernünftigen Wesens. Worin ein Wesen besteht, wird sich ergeben durch Analyse des Begriffes eines durch unbedingt geltende Gesetze bestimmten Willens. Nun sind praktische Principien, die ein Object (Materie) des Begehrungsvermögens als Bestimmungsgrund des Willens voraussetzen**) empirisch und gehören unter das Princip der Selbstliebe oder eignen Glückseligkeit. Praktische allgemeine Gesetze sind mithin nur denkbar, wenn sie nicht die Materie, sondern nur der Form nach den Bestimmungsgrund des Willens enthalten: so ergiebt sich das Grundgesetz: Handle so, daß die Maxime deines Willens jederzeit als Princip einer allgemeinen Gesetzgebung gelten kann. Durch die Unabhängigkeit des so bestimmten Willens von dem, was Gegenstand der Sinne ist und als Bestimmungsgrund den Willen von dem Naturgesetz der Causalität abhängig machen würde, ist negativ, durch die Abhängigkeit von dem unbedingten praktischen Gesetz ist positiv der Wille als frei erwiesen. Demgemäß ist das Correlat der Freiheit, das moralische Gesetz, das Grundgesetz einer übersinnlichen Natur (Natur so viel als Existenz der Dinge unter Gesetzen) und einer reinen Verstandeswelt, deren Gegenbild in der Sinnenwelt existiren soll: dies letztere ist die bloß mögliche Wirkung der Idee des ersteren als Bestimmungsgrundes des Willens. Von mythischer Erklärung des sittlichen Handelns aus einer intelligiblen Doppelgängerin der empirischen Menschenwelt ist keine Rede: „das moralische Gesetz versetzt uns der Idee nach in eine Natur, in welcher reine Vernunft, wenn sie mit dem ihr angemessenen physischen Vermögen begleitet wäre, das höchste Gut hervorbringen würde, und bestimmt, unsern Willen die Form der Sinnenwelt als einem Ganzen vernünftiger Wesen zu ertheilen" (VIII. 158.) Hier begegnet schon früh der Gedanke des höchsten Gutes; sein Inhalt ist nichts anderes, als dasjenige, was der von der reinen praktischen Vernunft bestimmte Wille, wenn zum Wollen die nöthige physische

---

*) Die Frage nach der empirisch-psychologischen Entstehung kommt hier gar nicht in Betracht, wie sie überall, zwar nicht im entferntesten außer Kant's Gesichtskreis liegt, aber von den principiellen Erörterungen ausgeschlossen wird, da dieselben auf Anthroponomie hinaus laufen, diese aber hinsichtlich ihres Rechtes sich nicht auf Anthropologie gründen kann.

**) Daß ein Object, ein Gegenstand des Willens überhaupt vorausgesetzt wird, liegt analytisch im Begriff des Willens. Vergl. VIII, 145, auch 146, „nun ist freilich unleugbar, daß alles Wollen auch einen Gegenstand, mithin eine Materie haben müsse."

Kraft ihm beigegeben, verwirklichen würde: also der ungeschmälerte Erfolg des guten Willens, die Realisirung der sittlichen Idee. Die Frage nach dem Erfolg aber geht die Kritik gar nichts an (VIII. 161), die unterfucht, ob und wie reine Vernunft praktisch oder unmittelbar willenbestimmend fein könne. Ob die Caufalität des Willens zur Wirklichkeit der Objecte zulange oder nicht, bleibt den theoretischen Principien der Vernunft zu beurtheilen überlassen: „es mag nach diesen Maximen der Gesetzgebung einer möglichen Natur eine solche wirklich daraus entspringen oder nicht, darum bekümmert sich die Kritik nicht." Nun handelt es sich aber für uns um einen Willen, der nicht schon vermöge seiner Natur dem objectiven Gesetze nothwendig gemäß ist, der also eine Triebfeder zum subjectiven Bestimmungs-grunde haben muß, die doch wiederum niemals etwas anderes als das moralische Gesetz fein darf. Da fragt es sich, auf welche Art das moralische Gesetz Triebfeder werde, und was, indem es eine solche ist, mit dem menschlichen Begehrungsvermögen demgemäß vorgeht. Nun ist dem sinnlichen Selbst, dessen Wille das Sittengesetz bestimmen soll, die Selbstliebe eigen, 1) als die des unbeschränkten Wohlwollens gegen sich selbst, das sich in den Neigungen bethätigt, 2) als die des unbeschränkten Wohlgefallens an sich selbst, das im Eigendünkel erscheint. Letzteren, sofern er eben eine Schätzung der Person abgesehen von ihrer Uebereinstimmung mit dem sittlichen Gesetze ist, schlägt das Sittengesetz „gar nieder", die erstere beschränkt es auf die Bedingung der Einstimmigkeit mit dem Gesetz. (Offenbar konnte auch hier eben so gut, wie in der Religion i. d. Gr. gesagt werden, die natürliche Selbstliebe als Wohl-gefallen an sich werde ebenfalls nur beschränkt auf die Bedingung der Einstimmung mit dem Gesetz. Das endliche Vernunftwesen, dessen unaufhebbare Endlichkeit oder natürliche psychologische Daseinsform auch die Form desselben als moralisch bestimmten bleibt, dürfte und würde somit Selbstliebe als Wohlgefallen an sich selbst und als Wohlwollen gegen sich selbst haben, sofern es sich eben moralisch bestimmt, und demgemäß ohne Beeinträchtigung seiner Sittlichkeit, ja als unerläßliche Form derselben. Doch zurück zu dem, worauf es Kant hier ankommt.) — Diese Beschränkung und dieses Niederschlagen von Gefühlen der Lust erscheint, wie a priori einzusehen, als ein Gefühl der Unlust: aber das Correlat dieser Demüthigung auf der sinnlichen Seite ist die positive Kraft des Gesetzes, eine Erhebung der moralischen Schätzung des Gesetzes selbst auf der intellectuellen Seite, zusammen das Gefühl der Achtung vor dem Gesetz. Ritschl (Lehre von der Rechtfertigung ꝛc. I, 421) findet nun im Folgenden nicht die Erwartung erfüllt, die der Beginn der Erörterung in ihm hervorgerufen hat, daß die Achtung vor dem Gesetze, indem sie den ihr widersprechenden Eigendünkel niederschlägt, doch mit der vernünftigen Selbst-liebe ein Verhältniß der gegenseitigen Einschließung eingeht. Unzweifelhaft hat er Recht, wenn er die Forderung dieser Synthese so motivirt: „ein Gefühl, wenn es auch durch den bloß intellectuellen Grund des moralischen Gesetzes geweckt wird, kann doch nicht anders vorgestellt werden, als in dem concreten individuellen Subject, welches zugleich Sinnenwesen und intelligible Freiheit ist. Ferner kann der Werth keines Gegenstandes und auch keines Gedankens, also auch nicht des moralischen Gesetzes gefühlt werden außerhalb der gefühlmäßigen Form der Selbstachtung." (Er dürfte auch Recht haben, wenn er hierfür eine Bestätigung findet in Kants Worten: „die Achtung vor dem Gesetz ist nicht Triebfeder zur Sitt-lichkeit, sondern die Sittlichkeit selbst als Triebfeder betrachtet." (VIII, 200). Es scheint mir nun nicht, als ob diese Behauptung zurückgenommen würde durch die andre, daß es nicht diene „zur Beurtheilung der Hand-lungen, oder wohl gar zur Gründung eines objectiven Sittengesetzes selbst, sondern bloß zur Triebfeder, um diese in sich zur Maxime zu machen." Ritschl bemerkt dagegen: I, 422) „die subjective Maxime ist ja die Form, in welcher das objective Gesetz als allgemeingültiges erkannt und angewendet wird. Ist nun das moralische Gefühl die Kraft allgemeingültige Maximen zu finden, so ist es das subjective empirische Organ, in welchem die intelligible Freiheit sich als gesetzgebend bewährt als der objective Grund des Gesetzes. Wenn ich diese Sätze recht verstehe, so kommt es Ritschl darauf an, dies Gefühl als das subjective Organ zu bestimmen, wodurch moralische Regeln abgeleiteter Ordnung gewonnen werden können. Die Gesetzgebung, die er meint, ist die selbständige Anwendung des objectiven Gesetzes. Das ist aber nicht der Gegensatz, den Kant mit jenen Worten vor Augen hat — er will nicht ein Weiteres abschneiden, was die Folge des Gewonnenen sein würde, bezeichnet er das Gefühl der Achtung doch als „Grund zu Maximen eines dem Gesetze gemäßen Lebenswandels", sondern er will verhindern, daß das erbaute Fundament wieder eingerissen würde, indem dies Gefühl mit dem pathologischen eines moralischen Sinnes verwechselt wird, dessen Aussagen allerdings zur Gründung des objectiven Sittengesetzes benutzt worden sind. Der absolute Werth, den das Gute an sich besitzt, schließt es aus, daß ein angeborner Instinkt als sein Grund gedacht würde. Dieser thierische Instinkt darf eben so wenig dazu dienen, die Handlungen zu beurtheilen. Diesen Sinn scheint es mir zu haben, wenn vor und nach den betreffenden Worten hervorgehoben wird, daß jenes Gefühl der Achtung vor dem Gesetz lediglich durch Vernunft in uns bewirkt werde. — Den Grund des Fehlers, den Kant begangen haben soll, sieht Ritschl darin, daß „er sich von dem Schema des ausschließenden Gegensatzes zwischen Vernunft und Sinnlichkeit auch auf diesem Punkte nicht trennen kann, wo das moralische Gefühl der Gesetzes= achtung entweder nicht begreiflich ist, oder nur, wenn das empirische Ich nicht bloß als das sich selbst erhaltende Centrum der sinnlichen Triebe, sondern als solches zugleich auch als Organ der sittlichen Freiheit anerkannt wird." — Das steht allerdings für Kant fest, daß im sinnlichen Selbst kein empirischer Sinn oder Trieb vorhanden ist, der es möglich und erklärlich machte, wie das Gesetz Bestimmungsgrund des Willens werde, indem er etwa von Natur mit demjenigen übereinstimmte. (VIII 196). „Denn wie ein Gesetz für sich und unmittelbar Bestimmungsgrund des Willens sein könne, das ist ein für die menschliche Vernunft unauflösliches Problem und mit dem einerlei, wie ein freier Wille möglich sei." Mit der Materie unsrer Selbstliebe schließt das Gesetz keinen Compromiß. Andrerseits steht für ihn auf theoretischem wie praktischem Gebiet fest, daß das theoretische wie praktische a priori die volle Entwicklung der Erfahrung voraussetzt.*) Mit diesen concreten empirischen Bedingungen der Entwicklung der Sittlichkeit hat er es hier nicht zu thun. Es handelt sich für ihn um die analytische Zergliederung der Momente, die den Begriff eines endlichen sittlichen Willens constituiren und um die Bestimmung ihres Verhält= nisses zu einander. Nun kann er sich allerdings auch hier von dem ausschließenden Gegensatz zwischen Vernunft und Sinnlichkeit nicht trennen, weil er, und wohl nicht mit Unrecht, die Gefahr fürchtet, das im empirischen Subject befindliche Gefühl der Achtung vor dem Gesetz könne einer natürlichen Neigung der Selbstliebe gleichgesetzt werden, oder es könne eine moralische Schwärmerei vergessen, daß Heiligkeit für uns Ziel, nicht Gegenwart ist: darum betont er das unabtrennbare Moment der Unlust am Gefühl der Achtung, darum die strenge Erhabenheit der Pflicht gegenüber der Neigung und Selbstliebe. Dennoch hat er dem Inhalte nach die gesuchte Synthese vollzogen, ohne die allerdings das positive Gefühl der Achtung vor dem Gesetz — nicht unbegreiflich, — denn das bleibt es immer, insofern es nicht aus der natürlichen Selbstliebe und ihrem natürlichen Verhältniß zum Gesetze abzuleiten ist, welches vielmehr das des Gegensatzes bleibt — wohl aber psychologisch unmöglich wäre. Auch Kant denkt das Gefühl der Achtung vor dem Gesetze nur in dem Gefühle, mit dem er die gefühlsmäßigen Form der Selbstachtung, der vernünftigen Selbstliebe, wie sie die citirte Anmerkung der Rel. i. d. Gr. beschrieb. Auf dies Resultat werden wir vorbereitet durch die Ergänzung der Beschreibung dieses Gefühls.: (VIII 203) „Gleichwohl ist darin doch auch wieder so wenig Unlust: daß wenn man einmal den Eigendünkel ablegt, und jener Achtung praktischen Einfluß verstattet hat, man sich wiederum an der Herrlichkeit dieses Gesetzes nicht satt sehen kann, und die Seele sich in dem Maaße selbst zu erheben glaubt, als sie das heilige Gesetz über sich und ihre gebrechliche Natur erhaben sieht." — Dieselbe Wahrung der unver= äußerlichen psychologischen Art des endlichen Willens liegt darin, daß die Begriffe der Triebfeder und der Maxime ergänzt werden durch das eines moralischen, sinnenfreien Interesses an der Befolgung des Gesetzes, das jeder moralisch ächten Maxime zu Grunde liegen muß. Ein Interesse ist eben nicht denkbar, ohne daß dasjenige, woran man Interesse hat, einen Werth für das Subject besitzt — eine Förderung des Selbstzweckes verheißt. Der materiale Egoismus ist durch den Zusatz „sinnenfrei" aus=

*) VIII, 6. „Die Moralphilosophie, auf den Menschen angewandt, entlehnt nicht das mindeste von der Kenntniß desselben (Anthropologie), sondern giebt ihm als vernünftigem Wesen Gesetze a priori, die freilich noch durch Erfahrung geschärfte Urtheilskraft erfordern, um theils zu unterscheiden, in welchen Fällen sie ihre Anwendung haben, theils ihnen Eingang in den Willen des Menschen und Nachdruck zur Ausübung zu verschaffen, da dieser, als selbst mit so viel Neigungen afficirt, der Idee einer praktischen reinen Vernunft zwar fähig, aber nicht so leicht vermögend ist, sie in seinem Lebenswandel in concreto wirksam zu machen." Besonders deutlich zeigt der Abschnitt aus der Einleitung zu der Tugendlehre „Aesthetische Vorbegriffe der Empfänglich= keit des Gemüthes für Pflichtbegriffe überhaupt", daß jene Entgegensetzung von Vernunft und Sinnlichkeit keine psychologisch ungeheuerliche Spaltung des Menschen bedeutet.

2*

geſchloſſen: es iſt die vernünftige Selbſtliebe, die inhaltlich beſtimmt iſt durch das Geſetz, die zum Ver-
ſtändniß dieſes Terminus hinzugefügt werden muß. Endlich bringt Kant ebenſo energiſch, wie er die
Nothwendigkeit der Unterwerfung unter das Geſetz betont hat, es zur Geltung, daß es kein fremdes
Geſetz iſt, daß unſre Vernunft es giebt und daß jene Unterwerfung Erhebung für uns bedeutet.
(VIII 207.) „Dagegen aber, da dieſer Zwang bloß durch Geſetzgebung der eigenen Vernunft aus-
geübt wird, enthält es auch Erhebung, und die ſubjective Wirkung aufs Gefühl, ſofern davon reine
praktiſche Vernunft die alleinige Urſache iſt, kann alſo bloß Selbſtbilligung in Anſehung der
letzteren heißen, indem man ſich dazu ohne alles Intereſſe, bloß durchs Geſetz beſtimmt erkennt, und ſich
nunmehr eines ganz andern dadurch ſubjectiv hervorgebrachten Intereſſe, welches rein praktiſch und frei
iſt, bewußt wird" ꝛc. — Endlich bezengt doch die berühmte Apoſtrophe an die Pflicht (VIII, 214, 215),
die nach ihrem Urſprung fragt, und die dieſelbe herleitet ans dem, was den Menſchen (als einen Theil
der Sinnenwelt) über ſich ſelbſt erhebt, was ihn an eine andre Ordnung der Dinge knüpft, die nur
der Verſtand denken kann, aus der Idee der Perſönlichkeit oder Freiheit von dem Mechanismus der
ganzen Natur, daß die Perſon, als zur Sinnenwelt gehörig, ihrer eignen Perſönlichkeit unterworfen
iſt, ſofern ſie zugleich zur intelligiblen Welt gehört: „da es denn nicht zu verwundern iſt, wenn der
Menſch als zu beiden Welten gehörig, ſein eignes Weſen, in Beziehung auf ſeine zweite und
höchſte Beſtimmung, nicht anders als mit Verehrung und die Geſetze derſelben mit der höchſten
Achtung betrachten muß." Das iſt doch abſolut nicht zu verſtehen, wenn das empiriſche Ich, in welchem
das Gefühl der Achtung vor dem Geſetz vorhanden iſt, nicht das volle Gefühl der eignen Würde hätte,
auf Grund des Sicheinswiſſens mit dieſer ſeiner eignen Beſtimmung. Ohnedem iſt überhaupt einer
mythiſchen Traveſtie der Lehre vom Intelligiblen gar nicht zu entgehen — es iſt das Intelligible dann
nicht mehr „bloß ein Standpunkt", ſondern eine transſcendente Realität. So kommen wir denn
zu dem Schluß, daß die vernünftige Selbſtliebe, die identiſch iſt mit der Selbſtliebe unter der Bedingung
der Einſtimmigkeit mit dem Geſetz, inhaltlich zuſammenfällt mit der Achtung vor dem Geſetz oder dem
Gefühl der Menſchenwürde, daß dieſe hinwiederum der Form nach) Selbſtliebe iſt, wie ſolche die unerläßliche Form aller Gefühls- und Willensbethätigung des endlichen Vernunftweſens iſt.

Aus dieſem Bewußtſein des eignen Werthes, das ganz auf der Beſtimmung des Willens durch
das Geſetz ruht, wird ſich auch das Begehren ergeben, dieſen Zweck ſowie alle darin eingeſchloſſenen
Zwecke verwirklicht zu ſehen und die „Glückſeligkeit" zu erleben, die ſich aus dieſer Verwirklichung
ergiebt, eine Glückſeligkeit, die ſehr verſchieden iſt von der Zufriedenheit, die das gute Handeln begleitet.
Es handelt ſich um die Vollendung der eignen Perſönlichkeit, es handelt ſich um die Realiſirung des
durch das Geſetz aufgegebenen Zweckes einer in der Sinnenwelt zu verwirklichenden moraliſchen Welt.
Denn in der Achtung vor dem allgemeinen Geſetz iſt jeder inhaltliche Egoismus ausgeſchloſſen, findet
das Ich ſein Ich, ſeine Würde, ſeinen Werth erſt darin, daß es ſich als Glied der unter allgemeinen
moraliſchen Geſetzen ſtehenden Welt vernünftiger Weſen weiß. — Ritſchl führt nun noch einen andern
Beweis an für die von Kant begangne Incongruenz. Die II. Maxime der „Grundlegung": „handle
immer ſo, daß du die Menſchheit in deiner Perſon ſowie in den Perſonen der andern nie bloß als
Mittel, ſondern zugleich als Zweck behandelſt," ſei charakteriſtiſcher Weiſe in der Kr. d. pr. V. nicht
wiederholt. Dem gegenüber iſt zu verweiſen auf VIII. 215: „Auf dieſem Urſprung nämlich der Pflicht)
gründen ſich nun manche Ausdrücke, welche den Werth der Gegenſtände nach moraliſchen Ideen
bezeichnen." Und nun folgt die vermißte Formel. Kant hat ſie deshalb nicht zu Grunde gelegt, weil
ſie einen Willen vorausſetzt, der nicht von Natur vom moraliſchen Geſetz beſtimmt iſt, ſowie aus dem
Grunde, den er ſelbſt in der „Grundlegung" ausſpricht (VIII. 67): „man thut beſſer, wenn man in der
ſittlichen Beurtheilung immer nach der ſtrengen Methode verfährt und die allgemeine Formel des
kategoriſchen Imperativ zu Grunde legt. Will man aber dem ſittlichen Geſetz zugleich Eingang ver-
ſchaffen, ſo iſt es ſehr nützlich, eine und eben dieſelbe Handlung durch benannte 3 Begriffe zu führen
und ſie dadurch, ſo viel ſich thun läßt, der Anſchauung zu nähern." Der 1. Begriff iſt der kategoriſche
Imperativ, der II. die eben erwähnte Formel, der III. die des Reichs der Zwecke. Iſt es nun gewiß
nicht zu beſtreiten, wenn Ritſchl betont, daß dieſe Formel nicht zu vollziehen ſei, außer unter Voraus-

ſetzung des entwickelten Gefühls für die Würde des Menſchen, und dies nicht möglich außerhalb des mit der vernünftigen Selbſtliebe identiſchen Gefühls für die eigne Würde — ſo darf der Beweis als erbracht angeſehen werden, daß Kant das von Ritſchl Vermißte gelehrt hat. Damit iſt aber die Brücke von Kants Ethik zur Lehre vom höchſten Gut geſchlagen.*)

Wenden wir uns nun zu letzterer ſelbſt. Vergegenwärtigen wir uns noch einmal Kants Ver=faḥren. Die Begründung der Ethik geſchah durch Analyſe des Begriffes eines von Geſetzen der reinen praktiſchen Vernunft beſtimmten Willens. Um ſtatt Anthropologie Anthroponomie zu erhalten, wurde von den beſonderen Bedingungen des menſchlichen Willens abſtrahirt. Damit war die ſtreng kritiſche Aufgabe eigentlich erſchöpft. Es galt aber dann, das ſo geſundne moraliſche Geſetz auf den Willen eines endlichen Sinnenweſens anzuwenden. Es wurde zu dieſem Behuf abſtrahirt von der beſondren, durch wachſende Erfahrung zu bereichernden Einſicht in die menſchliche Natur: es wurde die allgemeine bleibende Form eines ſolchen Willens zu Grunde gelegt. Somit ſind auch die Reſultate der Anwendung des moraliſchen Geſetzes auf den empiriſchen Menſchen — Pflicht und Achtung — ſtreng nothwendig, a priori. Das Gleiche wird von den Folgerungen gelten, die aus einer andern allgemeinen Bedingung des empiriſchen Willens ſich ergeben. Man wird alſo nicht ſagen dürfen, daß, was in dieſem Zuſammenhang heraus=kommt, weil nicht kritiſch, ſondern empiriſch begründet, in Kants Sinne nicht überzeugend ſei. Kritiſch begründet iſt das moraliſche Geſetz, das ſeine Beziehung auf alle Vernunftweſen hat: die beſonderen Folgen, die aus dieſer Prämiſſe und den allgemeinen Bedingungen des Vernunftweſens, welches zugleich Sinnenweſen iſt, (des empiriſchen Subjects) als zweiter Prämiſſe fließen, einer Prämiſſe, der doch ſtrenge und nicht bloß comparative Allgemeingültigkeit zukommt, werden darum auch a priori oder allge-meingültig ſein.

Denken wir uns alſo den Willen eines empiriſchen Subjects, eines Sinnenweſens, deſſen Maximen mit dem ſittlichen Geſetz übereinſtimmen, ſo werden dieſe ſittlichen Maximen bei ihm objectiv auf der Pflicht, ſubjectiv auf der Achtung vor dem Geſetz beruhen, mit der zugleich ein Gefühl der eignen Würde verbunden iſt, das dem nicht fortzudenkenden Schema des Perſonlebens, der Selbſt-liebe, ſeinen Inhalt giebt. Nun muß nach demſelben Schema der Wille ſeinen Gegenſtand haben, auf den er ſich richtet: während dem natürlichen Willen der Gegenſtand in Beziehung auf das Begehrungs=vermögen ein Gefühl der Luſt hervorruft und dadurch zum Zweck wird, zugleich aber Heteronomie her-beiführt, tritt jetzt ein entgegengeſetzter Ablauf ein. Das in der Achtung den Willen beſtimmende Geſetz beſtimmt dem Willen, der als handelnder des II. Beziehungspunktes des Beziehungsbegriffes „Handeln" nicht entbehren kann, ſeinen Gegenſtand. Derſelbe ſtellt ſich nothwendig für den Willen als Zweck dar, nicht ein ſolcher, der den Willen beſtimmte, ſondern der ihm durch die eigne Vernunft gegeben iſt. Wie nun das allgemeine pſychologiſche Schema der praktiſchen Vernunft eines Sinnenweſens den ſittlichen Inhalt nur in der Form der Selbſtliebe haben konnte, ſo tritt auch die weitere, allgemein pſychologiſch angeſehen, nothwendige Folge ein: der Gedanke der Verwirklichung dieſes durch das moraliſche Geſetz, mit dem das unter der erwähnten Bedingung ſich ſelbſt liebende Ich einſtimmig iſt, angegebnen Zweckes ruft ein Gefühl der Luſt hervor, deſſen Verwirklichung deſſelben wird als Förderung des Selbſt begehrt — das von der Natur des endlichen Vernunftweſens unabtrennliche Streben nach Glückſeligkeit d. h. einem Zuſtande der Exiſtenz, in welchem die Wirklichkeit ſeinem Begehren entſpricht, giebt dem inhaltlich durch das Geſetz beſtimmten Willen ſeine pſychologiſche Form. Es wird der Erfolg des guten Willens begehrt als dasjenige, worin jetzt unſre Glückſeligkeit beſteht — wohlverſtanden nicht ein beliebiger Erfolg, der für die ſinnlichen Neigungen irgendwie Befriedigung verhieße: es handelt ſich um die Erreichung des Zieles des durch das ſittliche Geſetz geforderten Handelns. Es iſt das Intereſſe an dieſer Glückſeligkeit ein völlig moraliſches und ſinnenfreies, aber zugleich ein ſolches, daß in daſſelbe ſich das ganze Gefühl unſrer Menſchenwürde hineinlegt. Was iſt nun der ganze Inhalt dieſes durch

---

*) Ich weiſe noch auf die unverkennbare Verwandtſchaft hin, in der das Gefühl der Achtung vor dem Geſetz, das theils berubigt, theils erhebt, mit dem äſthetiſchen Gefühl des Erhabenen ſteht. Die aller ſinnlichen Größe überlegene ſittliche Be-ſtimmung wiſſen wir als die unſre — wir ſind's eigentlich, denen nach Kant das Erhabene der Natur die Veranlaſſung giebt, ſich der eigenen Erhabenheit bewußt zu werden.

die reine Vernunft aufgegebnen Zweckes, den wir als freie Wesen wollen, als moralisch bestimmte Sinnenwesen zugleich wünschen, in dessen Verwirklichung wir Glückseligkeit erhoffen? Da wir jetzt nicht die Art dieses Inhalts, sondern seine Totalität bestimmen wollen, so werden wir am besten die Formel eines Reichs der Zwecke brauchen, darin jedes Glied nicht bloß Mittel, sondern zugleich Selbstzweck ist. Es handelt sich um die Erfüllung des persönlichen Selbstzweckes eines jeden sittlichen Subjectes, und das bedeutet die Erhaltung und Vollendung des eignen sittlichen Selbst und, weil der Einzelne als sittliches Subject sich in das Ganze eingegliedert weiß, zugleich die Verwirklichung dieses Ganzen. Es ist ein Zweck, der durch das tugendhafte Auseinanderhandeln der endlichen Vernunftwesen verwirklicht werden soll und — wenn unsre physische Caufalität zulangte, jeder guten Handlung den erstrebten Erfolg zu geben — auch verwirklicht werden würde, lediglich als Wirkung der Ursache des guten Handelns. Nun sind aber die endlichen Vernunftwesen zugleich Sinnenwesen und sind als abhängige Theile den Gesetzen einer Sinnenwelt unterworfen. Zunächst, was den Erfolg ihres Handelns anlangt. In der Sinnenwelt hängt derselbe nicht von dem Bestimmungsgrunde des Willens, sondern von dem Maaß der physischen Kraft ab, das durch Einsicht in die Gesetze jener Sinnenwelt und kluge Benutzung derselben gesteigert werden kann. Für uns ist nicht zu erkennen, daß die Gesetze der Sinnenwelt von selbst irgendwie zu den Zwecken zusammenstimmen, die das sittliche Gesetz uns aufgiebt. Zweitens, was die Bedingung unsres Handelns anlangt, unsere Existenz in der Sinnenwelt. Der durch das moralische Gesetz bestimmte Wille richtet sich nothwendig darauf, als sein Ziel sich die Erreichung der Heiligkeit zu stecken, die Erlangung der persönlichen Vollendung. Bedingung dazu ist aber die endlose Existenz, da nur in unendlichem Fortschritt durch Unterordnung der Neigungen unter das Gesetz dies Ziel erreicht werden kann. Ohne daß darin eine Zweckmäßigkeit bezüglich unsres durch reine praktische Vernunft aufgegebnen Zweckes für uns erkennbar wäre, wird die Bedingung unsres sittlichen Handelns in der Sinnenwelt gehemmt, ja vernichtet, nach den unwandelbaren und für unsre Erkenntniß gegen unsern sittlichen Zweck völlig gleichgiltigen Gesetzen der Natur. In beiderlei Beziehung wird eine Lösung erfordert, die es uns ermöglicht, die Naturwelt, von deren Gesetzen wir handelnd und existirend abhängig sind, als zweckmäßiges Mittel für die Totalität des unbedingten ethischen Zweckes anzusehen. Es ist für uns nothwendig eine intelligible Ordnung der Dinge zu postuliren, wonach die Welt der Natur und die Welt der Freiheit, denen beiden zumal wir angehören, sich zu einem einheitlichen Ganzen zusammenschließen dergestalt, daß die letztere der Zweck ist, zu dem sich die erstere als Mittel stellt. Es hieße, in den seit Fichte regen Pantheismusstreit eintreten, wollten wir hier weiter gehen. Von der Frage nach der wissenschaftlichen Denkbarkeit der Persönlichkeit des ethischen Gottes einerseits und des unpersönlichen Absoluten andrerseits abgesehen, an das man, um mit Kant zu reden, den Namen Gottes „verschwendet", jedenfalls muß, was von diesem praktischen Zusammenhang aus als „übersinnliches Substrat" beider Reiche in ihrer Einheit postulirt wird, die Verwirklichung des Reichs der Zwecke, in der auch das einzelne Glied nie Mittel für das Ganze ist, ohne Selbstzweck zu sein, zu verbürgen im Stande sein.

Läßt sich nun die Identität dieser Gedankenreihe, die aus dem Zuge der kantischen Gedanken mit Nothwendigkeit ergänzt werden muß, mit der in der K. d. pr. V. niedergelegten erweisen? Es läßt sich nicht leugnen, daß der Gedankenzusammenhang dort nicht die Deutlichkeit besitzt, um jedes Mißverständniß von vornherein auszuschließen. Doch läßt sich auch hier Satz für Satz belegen. Ich frage zunächst nach dem Sinn des II. Momentes, das im Begriff des höchsten Gutes mit der Tugend verbunden ist. Es ist klar und allen Kritikern Kants klar gewesen, daß die ganze Ethik Kants zerstört würde, wenn er lehrte, Gegenstand unsres Begehrungsvermögens wird ein höchstes Gut, welches aus zwei inhaltlich einander völlig fremden Elementen besteht, dergestalt daß nur das erste, das Gute oder die Tugend Gegenstand unsres moralischen Willens sein kann, während das zweite, jenem äußerlich angefügte nur durch Maximen der natürlichen Selbstliebe erstrebt werden könnte und diese hervorrufen müßte. Das höchste Gut könnte dann nur in dem Sinn Gegenstand unsres Begehrungsvermögens sein, daß auf sein eines Element sich autonomes moralisches Wollen, auf das andre heteronomes Begehren richtete. Wollte Kant dem die Zeit beherrschenden Eudämonismus eine Concession machen, so war dies die klar liegende Consequenz. Er betont aber bereits in der Einleitung zur Dialectik der r. pr. V. (VIII, 244), daß das höchste Gut der ganze Gegenstand einer reinen praktischen Vernunst, aber nicht für einen Bestimmungsgrund des Willens zu halten sei — dies ist allein das moralische Gesetz. „Diese Erinnerung ist in einem so delicaten Falle, als die Bestimmung sittlicher Principien ist, wo auch die kleinste Mißdeutung Gesinnungen verfälscht, von Erheblichkeit." Man darf nicht etwa von hier aus die sittlichen Principien ableiten wollen, das ist der Sinn des obigen Satzes. Und doch führt er fort: „Es versteht sich aber von selbst, daß, wenn im Begriff des höchsten Gutes das moralische Gesetz als oberste Bedingung schon mit eingeschlossen, alsdann das höchste Gut nicht bloß Object, sondern auch sein Begriff und die Vorstellung der durch unsre praktische Vernunst möglichen Existenz desselben zugleich der Bestimmungsgrund des reinen Willens sei ꝛc." Durch unsere praktische, natürlich durch das moralische Gesetz bestimmte Vernunst soll die Existenz des höchsten Gutes möglich sein, — so stellt sich das Verhältniß, wo es sich um die Bestimmung des Inhalts, nicht um die Bedingung seiner Verwirklichung handelt. Was kann denn durch unser moralisches Wollen Existenz bekommen? Eine mechanisch addirte Glückseligkeit, oder, wie es hier der Fall sein müßte, ein Quantum äußeren Wohlergehens, welches irgendwelche meiner Neigungen befriedigte? Oder vielmehr das Gute, sofern es Erfolg der vom guten Willen abhängenden Strebungen ist? Bestimmte ein begehrtes Glück unsern Willen, so führte die Bedingung der Tugend nur zur äußerlichen Legalität, „weil Maximen, die den Bestimmungsgrund des Willens in dem Verlangen nach seiner Glückseligkeit setzen, gar nicht moralisch sind und keine Tugend gründen können". Ist es möglich zur Bestimmung des Willens im Handeln, nicht zur Bestimmung der Principien desselben, die Vorstellung seiner durch unsre praktische Vernunst möglichen Existenz zu brauchen, so ist das nur unverfänglich, wenn die Glückseligkeit eben nichts als die Verwirklichung der sittlichen Zwecke ist, ist dann aber auch gänzlich unverfänglich. In dem Werth, den die Vorstellung dieses Gegenstandes als existirenden für uns hat, und der uns zum Streben nach der Verwirklichung desselben bewegt, ist allerdings dann lediglich das unbedingt und an sich Werthvolle des moralischen Gesetzes das den Willen bewegende — und das Selbst, für welches dieser Gegenstand Werth besitzt, ist das seine Person seiner Persönlichkeit als höchstem Zwecke unterordnende Selbst. So wird es verständlich, daß Kant das höchste Gut das „durch die Vernunst allen vernünftigen Wesen ausgesteckte Ziel aller ihrer moralischen Wünsche" nennt. (VIII, 253.) Diese Auffassung bestätigt sich durch das häufige Wiederkehren der Erklärung, daß „Tugend die Glückseligkeit als etwas von dem Bewußtsein der ersteren Unterschiedenes, wie die Ursache eine Wirkung hervorbringe. (VIII, 247.) Kant hat volles Verständniß für den Werth des das tugendhafte Handeln begleitenden Gefühles der Zufriedenheit, die nach ihm „in ihrer Quelle Zufriedenheit mit seiner Person ist," beiläufig ein neuer Beweis für die von ihm vollzogene Synthese von Achtung und vernünstiger Selbstliebe), aber er unterscheidet sie von der Glückseligkeit, die er im Auge hat; denn jenes Gefühl begleitet das tugendhafte Handeln ohne Rücksicht auf seinen Erfolg, ist grade Trost bei mangelndem Erfolge, diese dagegen hängt von der Verwirklichung des erstrebten Zweckes ab.

Dasselbe zeigt die Antinomie. (VIII, 250.) Die Verbindung ist keine analytische, wie Stoiker und Epicuräer behauptet haben. Die analytische Folge der Tugend ist eben nur das Bewußtsein des Besitzes derselben, und das ist nicht Glückseligkeit. Umgekehrt geht dem Epicuräer die Tugend verloren. So muß die Verbindung eine synthetische sein und zwar eine Verbindung von Ursache und Wirkung, weil sie ein praktisches Gut d. i. das durch Handlung möglich ist, betrifft. „Es muß also entweder die Begierde nach Glückseligkeit die Bewegursache zu Maximen der Tugend, oder die Marime der Tugend muß die wirkende Ursache der Glückseligkeit sein. Das erste ist schlechterdings unmöglich . . . . Das zweite ist aber auch unmöglich, weil alle praktische Verknüpfung der Ursachen und der Wirkungen in der Welt, als Erfolg der Willensbestimmung sich nicht nach moralischen Gesinnungen des Willens, sondern der Kenntniß der Naturgesetze und dem physischen Vermögen, sie zu seinen Absichten zu gebrauchen, richtet." ꝛc. Schlechterdings ist also diese Verknüpfung nicht unmöglich, sondern nur „sofern die Tugendgesinnung als die Form der Causalität in der Sinnenwelt betrachtet wird." Als solche reicht sie eben, vermöge der disparaten Gesetze der letzteren, nicht zu, den Erfolg, den sie selbst direkt erstrebt, hervorzubringen. — Was nun als **unmittelbarer Zusammenhang**, nicht etwa schlechterdings unmöglich, sondern nur unter der empirischen Bedingung, daß wir Glieder der Sinnenwelt sind, und unsre durch das moralische Gesetz hervorgerufenen „Handlungen, die darauf abzielen, das höchste Gut wirklich zu machen, zur Sinnenwelt gehören", unmöglich ist, muß doch wirklich werden, weil das moralische Gesetz unbedingter „Bestimmungsgrund meiner Causalität in der Sinnenwelt" ist — kann wirklich nur werden als **mittelbarer Zusammenhang** (vermittelst eines intelligiblen Urhebers der Natur); dies ist das einzige Mittel, den nothwendigen Zusammenhang zwischen „**Sittlichkeit als Ursache**" und „**Glückseligkeit als Wirkung in der Sinnenwelt**" herzustellen, „welche Verbindung in einer Natur, die bloß Object der Sinne ist, niemals anders als zufällig stattfinden und zum höchsten Gute nicht zulangen kann." Nun wird auch hier der Quell aller Mißverständnisse sich heben, die Schwierigkeit nämlich, daß „Glückseligkeit ganz genau in Proportion der Sittlichkeit (als Werth der Person und deren Würdigkeit glücklich zu sein) ausgetheilt sein müsse." Der Werth der Person hängt ab von dem Maaße, in welchem sie vom sittlichen Gesetz bestimmt wird, und demgemäß sich sittliche Zwecke setzt; genau in dem Maaße, als dies der Fall ist, haben ihre Zwecke sittlich berechtigten Anspruch auf Verwirklichung. Und wenn das Alles hineininterpretirt erscheinen sollte, für den möge noch folgende Stelle Platz finden. (VIII. 264ff.) „Glückseligkeit ist der Zustand eines vernünftigen Wesens, dem es, im Ganzen seiner Existenz, **Alles nach Wunsch und Willen geht**, und beruht also auf der **Uebereinstimmung der Natur zu seinem ganzen Zwecke, ingleichen zum wesentlichen Bestimmungsgrunde seines Willens**". Wende man das auf das sittliche Subject an, welches das höchste Gut als die Totalität seiner Zwecke anzusehen hat, demgemäß daß das moralische Gesetz der wesentliche Bestimmungsgrund seines Willens ist. „Nun gebietet das moralische Gesetz, als ein Gesetz der Freiheit, durch Bestimmungsgründe, die von der Natur in ihrer Uebereinstimmung derselben zu unserm Begehrungsvermögen als Triebfedern ganz unabhängig sein sollen; das handelnde vernünftige Wesen in der Welt aber ist doch nicht zugleich Ursache der Welt und der Natur selbst. Also ist in dem moralischen Gesetze nicht der mindeste Grund zu einem nothwendigen Zusammenhang zwischen Sittlichkeit und der ihr proportionirten Glückseligkeit eines zur Welt als ihr Theil gehörigen, und daher von ihr abhängigen Wesens, welches eben darum durch seinen Willen nicht Ursache dieser Natur sein und sie, was seine Glückseligkeit betrifft, mit seinen praktischen Grundsätzen aus eignen Kräften nicht durchgängig einstimmig machen kann." —

Nun wird auch der Beginn der Kant'schen Deduction keine Schwierigkeit mehr machen: (VIII. 246) „Daß Tugend (als die Würdigkeit glücklich zu sein) die oberste Bedingung alles dessen, was uns nur wünschenswerth sein mag, mithin auch aller unserer Bewerbung um Glückseligkeit sei, ist in der Analytik bewiesen worden." Es wird nicht zugestanden, daß Glückseligkeit an sich ein berechtigter Zweck sei, zu dem sich die Tugend als ein zweckmäßiges Mittel stelle. Wie Glückseligkeit auch immer gedacht werden möge, das wäre der in der Analytik widerlegte Eudämonismus. Tugend ist eine Beschaffenheit des Willens; Glückseligkeit der Zustand eines vernünftigen Wesens in der Welt, dessen Zwecke oder Wünsche erfüllt werden. Der Satz heißt also: nur diejenigen Zwecke eines vernünftigen Wesens, die aus der tugendhaften Gesinnung hervorgehen, haben ein Anrecht auf Verwirklichung. „Darum ist sie aber noch nicht das ganze und vollendete Gut, als Gegenstand des Begehrungsvermögens vernünftiger endlicher Wesen; denn um das zu sein, wird auch Glückseligkeit dazu erfordert." Noch nicht das „ganze und vollendete Gut;" sie ist mithin nach Kant nur ein „Theil eines noch größeren Ganzen von derselben Art." Ob wohl die mechanische Addition von Tugend und beliebigem, nur dem Quantum nach entsprechendem, äußerlich hinzugefügtem Lohn ein Ganzes von derselben Art sein würde? Vom Begehrungsvermögen vernünftiger endlicher Wesen ist also das Streben nach Glückseligkeit unabtrennlich; das bleibt bestehen, auch wenn alle Maximen der Selbstliebe ausgeschlossen sind, und der Grund davon liegt in der Endlichkeit des Menschen. „Der Mensch ist ein bedürftiges Wesen, soferne er zur Sinnenwelt gehört: das bleibt bestehen, „auch wenn er nicht so ganz Thier ist, um gegen Alles, was Vernunft für sich selbst sagt, gleichgiltig zu sein und diese bloß zum Werkzeuge der

Befriedigung seines Bedürfnisses als Sinnenwesens zu gebrauchen." Diese Bedürftigkeit ist ein Mangel, der darin seinen Grund hat, daß er als Sinnenwesen den Gesetzen der Sinnenwelt unterworfen ist, vermöge deren mit dem Wollen eines Zweckes noch nicht seine Erfüllung gegeben ist, während der problematische Begriff eines nicht endlichen Wesens dieses Auseinanderfallen von Wollen und Erreichen ausschließt*). Das Anrecht aber auf die so bestimmte Glückseligkeit, auf die, deren Tugend würdig ist, muß anerkannt werden von dem Urtheil einer unpartheiischen Vernunft, die das moralische Wesen als Zweck an sich betrachtet. In dem „Zweck an sich" liegt der Rechtsgrund, warum alle Zwecke, die in diesem eingeschlossen sind, verwirklicht werden müssen. „Hier bestimmt mein Interesse, weil ich von demselben nichts nachlassen darf, mein Urtheil unvermeidlich."

Es wird alles Bisherige, selbst wenn seine Richtigkeit zugestanden wird, noch einen Mißbehagen erweckenden Rest zurücklassen: es wird so aussehen, als ob die proportionirte Glückseligkeit, die in diesem Leben doch nicht erreicht wird, wie mit einem Zauberschlage in jenem Leben uns zugetheilt werden würde. Dieser Gedanke wird überschritten, wenn das höchste Gut als das einer möglichen Welt, die wir verwirklichen sollen, und deren Möglichkeit, sofern sie nicht von uns abhängt, wir zu postuliren haben, bezeichnet wird, was nach dem Obigen den Sinn hat, daß dies höchste Gut, welches die Welt der Freiheit und die Sinnenwelt zu einem zweckmäßigen Ganzen zusammenschließt, selbst als der Inhalt der dem ethischen Selbstgefühl Genüge leistenden Anschauung dieser Welt zu betrachten ist. Darin liegt, daß die Glückseligkeit oder Angemessenheit der Sinnenwelt zur Welt der Freiheit nicht erst in der zukünftigen Welt zu erwarten ist, sondern als gegenwärtig vorhanden gedacht werden muß, ein Urtheil, wozu uns die Annahme des intelligiblen moralischen u. s. w. Urhebers der Natur die Möglichkeit giebt. Dieses Urtheil widerspricht allerdings dem Thatbestande, den unsere Erkenntniß der Erscheinungswelt in ihrem gesetzlichen Zusammenhange als solcher feststellt, hat aber nichts desto weniger seine Gültigkeit vermöge jener Idee Gottes, dem die Zusammenhänge des Geschehens in dieser Welt und ihre Angemessenheit oder Nichtangemessenheit zu diesem Zwecke durchsichtig sind, ja der nicht diese unzweckmäßige Sinnenwelt erst zweckmäßig macht, sondern in dem, weil er ihr Urheber, von vornherein ihre Zweckmäßigkeit für unsern an sich seienden Zweck begründet ist, und dessen Idee uns somit die Fähigkeit giebt, sie so zu betrachten und demgemäß die Verwirklichung unsrer ethischen Zwecke nicht lediglich zu erwarten, sondern sie als gegenwärtig sich vollziehend zu glauben. Ich finde diese Ergänzung resp. Erklärung der Kantischen Lehre angedeutet in den folgenden Sätzen. Kant spricht VIII, 242 davon, daß der Schlüssel der Antinomie der reinen praktischen Vernunft uns die Aussicht eröffne „in eine höhere unveränderliche Ordnung der Dinge, in der wir schon jetzt sind, und in der unser Dasein der höchsten Vernunftbestimmung gemäß fortzusetzen wir durch bestimmte Vorschriften nunmehr angewiesen werden können." VIII, 252 heißt es von dem mittelbaren Zusammenhange der Sittlichkeit als Ursache mit der Glückseligkeit als Wirkung in der Sinnenwelt: „welche Verbindung in einer Natur, die bloß Object der Sinne ist, niemals anders als zufällig stattfinden und zum höchsten Gute nicht zulangen kann." Dazu ist doch der Gegensatz: in einer Welt, die einen intelligiblen moralischen Urheber hat und unter dieser Idee betrachtet wird, ist diese Verbindung eine nothwendige und zum höchsten Gute zulangende, d. h. das ethische Handeln ist in dieser Welt nie fruchtlos, so wenig durchsichtig dies auch für uns ist. Und das ist doch wohl der Sinn der sich daran anschließenden Worte: „Also ist das höchste Gut der nothwendige höchste Zweck eines moralisch bestimmten Willens, ein wahres Object desselben; denn es ist praktisch möglich, und die Maximen des letzteren, die sich darauf ihrer Materie nach beziehen, haben objective Realität, welche anfänglich durch jene Antinomie in Verbindung der Sittlichkeit mit Glückseligkeit nach einem allgemeinen Gesetze getroffen wurde, aber aus bloßem Mißverstande, weil man das Verhältniß zwischen Erscheinungen

---

*) Vgl. VIII, 281. K. sagt hier, es müsse bei der Anwendung von Verstand und Wille auf Gott abstrahirt werden von allem Anthropomorphischen z. B. davon, daß der Wille des Menschen immer mit einer Abhängigkeit der Zufriedenheit von der Existenz seines Gegenstandes behaftet ist. Damit halte man andererseits zusammen, was S. 280 steht, daß die Neigung keineswegs berechtigt ist, zum Behuf dessen, was wir aus bloß subjectiven Gründen wünschen, sofort die Mittel dazu als möglich oder den Gegenstand wohl gar als wirklich anzunehmen.

3

für ein Verhältniß der Dinge an sich selbst zu diesen Erscheinungen hielt." Eine weitere Bestätigung für diese Auffassung scheint mir darin zu liegen, daß das Postulat der Unsterblichkeit nur in Betracht gezogen wird für die Möglichkeit der völligen Angemessenheit der Gesinnungen zum moralischen Gesetze, nicht aber für die Möglichkeit des Empfanges der Glückseligkeit. Nun soll ja die Glückseligkeit auch genau proportionirt zugetheilt werden, das setzt doch ein continuirliches Empfangen derselben seitens des sittlichen Subjectes voraus, welches dem Ziele der sittlichen Vollkommenheit sich in allmäligem Fortschritt nähert und zwar schon jetzt. Endlich parallelisirt Kant VIII. 263 die ganze Glückseligkeit mit der Heiligkeit. Im sittlichen Fortschritt zum Besseren haben wir eine Aussicht in eine selige Zukunft: „denn dieses ist der Ausdruck, dessen sich die Vernunft bedient, um ein von allen zufälligen Ursachen der Welt unabhängiges vollständiges Wohl zu bezeichnen, welches ebenso wie Heiligkeit eine Idee ist, welche nur in einem unendlichen Progressus und dessen Totalität enthalten sein kann, mithin vom Geschöpfe niemals völlig erreicht wird." Scheint hierdurch die Realisirung des höchsten Gutes nach seinen beiden Momenten in Frage gestellt, so begegnet K. diesem Bedenken so: (VIII, 262.) „Der Unendliche, dem die Zeitbedingung nichts ist, sieht, in dieser für uns endlosen Reihe, das Ganze der Angemessenheit mit dem moralischen Gesetze, und die Heiligkeit, die sein Gebot unnachläßlich fordert, um seiner Gerechtigkeit in dem Antheil, den er jedem am höchsten Gute bestimmt, gemäß zu sein, ist in einer einzigen intellectuellen Anschauung des Daseins vernünftiger Wesen ganz anzutreffen."

Es bleibt nun noch übrig, dies Resultat an den andern Stellen, wo der moralische Beweis für das Dasein Gottes vorgetragen wird, zu erproben. Bedeutsam ist zunächst die Vorrede zur Rel. i. b. Gr. Dieselbe stellt es recht klar, daß es sich hier nicht um die kritischen, sondern um die dogmatischen Principien der Sittlichkeit handelt. „Ob zwar die Moral zu ihrem eignen Behuf keiner Zweckvorstellung bedarf, die vor der Willensbestimmung vorhergehen müßte, so kann es doch wohl sein, daß sie auf einen solchen Zweck eine nothwendige Beziehung habe, nämlich nicht als auf den Grund, sondern als auf die nothwendigen Folgen der Maximen, die jener gemäß genommen werden." Der Grund liegt in der psychologischen Beschaffenheit des empirischen Willens: „Denn ohne Zweckbeziehung kann gar keine Willensbestimmung im Menschen stattfinden, weil sie nicht ohne alle Wirkung sein kann, deren Vorstellung, wenn gleich nicht als Bestimmungsgrund der Willkür und als ein in der Absicht vorhergehender Zweck, doch als Folge von ihrer Bestimmung durchs Gesetz zu einem Zwecke muß aufgenommen werden können, ohne welche eine Willkür, die sich keinen weder objectiv noch subjectiv bestimmten Gegenstand den sie hat oder haben sollte) zur vorhabenden Handlung hinzudenkt, zwar wie sie, aber nicht wohin sie zu wirken habe, angewiesen, sich selbst nicht Genüge thun kann. Es kann der Vernunft doch unmöglich gleichgültig sein, was dann aus diesem unsrem Rechthandeln herauskomme und worauf wir, gesetzt auch, wir hätten dies nicht völlig in unsrer Gewalt, doch als auf einen Zweck unser Thun und Lassen richten könnten, um damit wenigstens zusammenzustimmen." „Zweck ist jederzeit der Gegenstand einer Zuneigung, das ist einer unmittelbaren Begierde nach dem Besitz einer Sache, vermittelst seiner Handlung: so wie das Gesetz (das praktisch gebietet) ein Gegenstand der Achtung ist. . . . Die moralischen Gesetze gebieten schlechthin, es mag auch der Erfolg sein, welcher er wolle, ja sie nöthigen sogar davon gänzlich zu abstrahiren, wenn es auf eine besondre Handlung ankommt. . . . Nun ist's aber eine von den unvermeidlichen Einschränkungen des Menschen und seines (vielleicht auch) aller andern Weltwesen) praktischen Vernunftvermögens, sich bei allen Handlungen nach dem Erfolg aus denselben umzusehen, um in diesem etwas aufzufinden, was zum Zweck für ihn dienen und auch die Reinigkeit der Absicht beweisen könnte, welcher (sc. der Erfolg) in der Ausübung zwar das letzte, in der Vorstellung aber und der Absicht das erste ist." In diesem Zwecke nun, wenn er gleich durch die bloße Vernunft ihm vorgelegt wird, sucht der Mensch etwas, was er lieben kann: das Gesetz also, was ihm bloß Achtung einflößt, ob es zwar jenes als Bedürfniß nicht anerkennt, erweitert sich doch zum Behuf desselben zur Aufnehmung des moralischen Endzwecks der Vernunft unter seine Bestimmungsgründe. Diese Erweiterung ist dadurch möglich, daß das Gesetz „auf die Natureigenschaft des Menschen sich zu allen Handlungen außer dem Gesetz noch einen Zweck denken zu müssen bezogen wird (welche Eigenschaft desselben ihn zum Gegenstande der Erfahrung macht)." —

Es sind diese Stellen der Beweis dafür, daß die oben versuchte Deducirung der Synthese der Achtung mit der Selbstliebe als der formalen Bedingung unsrer Willensthätigkeit mit Kants Sinn zusammentrifft. Und so wenig ist es Kants Absicht, seinen Rigorismus, „der ohnehin bei den Allerbesten Anstoß erregte, nicht gänzlich unannehmbar zu machen", daß mitten in den angeführten Erörterungen der Philosoph in einen fast komischen Unwillen über diese formale Beschränkung unsrer Natur ausbricht. „Alle Menschen könnten hieran auch genug haben, wenn sie (wie sie sollten) sich bloß an die Vorschrift der reinen Vernunft im Gesetz hielten. Was brauchen sie den Ausgang ihres moralischen Thuns und Lassens zu wissen, den der Weltlauf herbeiführen wird?" Es handelt sich gar nicht im entferntesten darum, daß etwas andres als das Gute Gegenstand unsres Willens werden sollte. Indem aber das moralische Gesetz den Willen endlicher Wesen bestimmt, giebt es ihrem Willen Zwecke und damit einen Endzweck. Es ist psychologisch nicht zu verhindern, daß die Vorstellung eines Gegenstandes, der erstrebt wird, der wirklich gemacht werden soll, wenn der Wille sich auf ihn richtet, ein Gefühl der Lust erzeugt, daß also der Zweck geliebt wird, natürlich nur des Werthes willen, den er für das wollende Subject hat. Dies wollende Subject aber, dessen Selbstliebe das Schema ist, in dem dieser umfassende Zweck erstrebt wird, ist das sittlich bestimmte; darum erstrebt es seine „eigne Glückseligkeit" d. h. die Verwirklichung seines sittlichen Selbstzweckes nur, indem „die Glückseligkeit zugleich allgemein gemacht wird" d. h. indem es die Verwirklichung des allgemeinen sittlichen Endzweckes erstrebt. D. h. „nicht Glückseligkeit, sondern das moralische Gesetz ist der Bestimmungsgrund des Willens, der zur Beförderung des höchsten Guts angewiesen wird." — Auch hier wird endlich von dem höchsten Gut gesagt, daß „dadurch allein der Verbindung der Zweckmäßigkeit aus Freiheit mit der Zweckmäßigkeit der Natur, deren wir gar nicht entbehren können, objectiv praktische Realität verschafft werden könne", ein Ausdruck, durch den der Sinn der Glückseligkeit seinerseits die richtige Begrenzung erfährt, und der wohl über den Vorwurf des Eudämonismus ebenso erhaben ist, wie dies der Fall ist, wenn Kant von dem im Menschen „moralisch gewirkten Bedürfniß" spricht, „zu seinen Pflichten sich noch einen Endzweck als den Erfolg derselben zu denken." (X.)

Es ist ein umfassenderer Zusammenhang als der eines Anhanges zur Moral, in welchem unser Gedanke uns in der Kritik der Urtheilskraft begegnet. Es ist die Weiterausführung des in der Kr. d. r. V. Angedeuteten. Schon die Einleitung stellt klar die Absicht heraus, eine einheitliche Gesammtweltanschauung zu begründen, und wir können lange lesen, ehe wir und die verruigte Glückseligkeit stoßen, ohne dann freilich derselben entbehren zu können. (Einl. II, S. XVIII ff.) Verstand und Vernunft haben zwei verschiedne Gesetzgebungen auf einem und demselben Boden der Erfahrung, ohne daß eine der andern Eintrag thun darf. Denn so wenig der Naturbegriff auf die Gesetzgebung durch den Freiheitsbegriff Einfluß hat, ebensowenig stört dieser die Gesetzgebung durch die Natur. Daß diese zwei verschiednen Gebiete, die sich zwar nicht in ihrer Gesetzgebung, aber doch in ihren Wirkungen in der Sinnenwelt unaufhörlich einschränken, nämlich auf dem Gebiet des praktischen Lebens der endlichen Vernunftwesen, die, obwohl und indem zugleich Sinnenwesen, der Gesetzgebung des Freiheitsbegriffes unterliegen, nicht Eines ausmachen, kommt daher, daß beide sich theoretisches Erkenntniß von ihrem Objecte als Dinge an sich verschaffen können, welches das Uebersinnliche sein würde. Auf theoretischem Gebiet muß diese Idee zwar der Möglichkeit aller Gegenstände der Erfahrung untergelegt werden, kann aber nicht zu einem Erkenntniß erweitert und erhoben werden, weil sie nicht in der Anschauung dargestellt werden kann, das Uebersinnliche des Freiheitsbegriffes hat nur praktische Realität als Soll, aus dem gleichen Grunde. Vermittelst des theoretischen Gebrauchs der Vernunft ist zwischen beiden Gebieten, des Sinnlichen und des Uebersinnlichen, eine unübersehbare Kluft befestigt: nun soll aber der Freiheitsbegriff den durch seine Gesetze aufgegebnen Zweck in der Sinnenwelt wirklich machen, und die Natur muß folglich auch so gedacht werden können, daß die Gesetzmäßigkeit ihrer Form wenigstens zur Möglichkeit der in ihr zu bewirkenden Zwecke nach Freiheitsgesetzen zusammenstimme. Also muß es doch einen Grund der Einheit des Uebersinnlichen, welches der Natur zu Grunde

3*

liegt, mit dem, was der Freiheitsbegriff praktisch enthält, geben. Gelingt es ihn zu bestimmen, so sind die beiden Gebiete, die sich ihrer Gesetzgebung nach so gegenüberstehen, als ob es so viel verschiedne Welten wären, zu einer Welt vereinigt. Die Art dieser Bestimmung und das Maaß und die Tragweite ihrer Gültigkeit ist das, womit wir es zu thun haben. Ganz freilich läßt es sich trotz der höher klingenden Worte nicht leugnen: wir sehen voraus, das Interesse, das die Untersuchung leitet, wurzelt auch hier in der hausbacknen „Moral", das Verlangen nach der „Erkenntniß der Wahrheit selber" ist bei Kant auf immer erloschen.

Die Einheit zwischen den beiden gesetzgebenden „Vermögen", Verstand und Vernunft, herzustellen, dient die Urtheilskraft, das Vermögen, das Besondre als enthalten unter dem Allgemeinen zu denken — hier nicht die bestimmende, welche das Besondre unter ein gegebnes Allgemeines subsumirt, sondern die hypothetische oder reflectirende, welche zu einem gegebnen Besondren ein Allgemeines findet. Indem die bestimmende Urtheilskraft das gegebne Besondre der Erfahrung unter die allgemeinen synthetischen Grundsätze, welche alle Erfahrung erst möglich machen, subsumirt und so Gegenstände erkennt, sie als Specialfälle allgemeiner Gesetze bestimmt, ist damit noch kein Princip gegeben, das Viele, was in den mannigfachen Modificationen der transscendentalen Naturbegriffe durch diese selbst unbestimmt gelassen wird, unter allgemeine Gesetze zu bringen — die Erfahrung würde ein Aggregat von Einzelerkenntnissen bleiben. Soll sie zu einem System werden, so bedarf es eines subjectiven Principes, einer Maxime der Beurtheilung, wodurch die Möglichkeit einer systematischen Unterordnung der Principien unter einander begründet wird: die besondren empirischen Gesetze müssen in Ansehung dessen, was durch die allgemeinen Naturgesetze unbestimmt gelassen wird, nach einer solchen Einheit betrachtet werden, als ob ein Verstand sie zum Behuf unsrer Erkenntnißvermögen, um ein System der Erfahrung nach besondren Naturgesetzen möglich zu machen, gegeben hätte. Es wird damit keineswegs ein solcher Verstand als wirklich angenommen, sondern es wird nur ein Gesetz für unsre Beurtheilung, eine subjective Maxime der Forschung aufgestellt. Der Begriff der Zweckmäßigkeit legt der Natur gar nichts bei, sondern stellt nur die Art vor, wie wir in der Reflexion über die Gegenstände der Natur in Absicht auf eine durchgängig zusammenhängende Erfahrung verfahren müssen, (S. LV): „die Urtheilskraft giebt den vermittelnden Begriff zwischen den Naturbegriffen und dem Freiheitsbegriff, der den Uebergang von der Gesetzmäßigkeit nach den ersten zu dem Endzweck nach dem letzten möglich macht, in dem Begriff einer Zweckmäßigkeit der Natur an die Hand: denn dadurch wird die Möglichkeit des Endzwecks, der allein in der Natur und mit Einstimmung ihrer Gesetze wirklich werden kann, erkannt*). Der Verstand giebt durch die Möglichkeit seiner Gesetze a priori für die Natur einen Beweis davon, daß diese von uns nur als Erscheinung erkannt werde, mithin zugleich Anzeige auf ein übersinnliches Substrat derselben: aber läßt dieses gänzlich unbestimmt. Die Urtheilskraft verschafft durch ihr Princip a priori zur Beurtheilung der Natur nach möglichen besondren Gesetzen derselben, ihrem übersinnlichen Substrat (in uns sowohl als außer uns) Bestimmbarkeit durch das intellectuelle Vermögen. Die Vernunft aber giebt demselben durch ihr praktisches Gesetz a priori die Bestimmung.**)" — Ebenso wie die formale oder subjective Zweckmäßigkeit der Natur

---

*) Es ist schon hier deutlich, daß es sich bei der durch Gottes Vermittlung erfolgenden Verwirklichung dieses Endzweckes nicht um eine im Jenseits erfolgende zauberhafte Wandlung der Wirkungen der Naturgesetze handelt, sondern um einen Grund, das, was nach dem Naturgesetzen geschieht, als zweckmäßiges Mittel zur Realisirung des Endzwecks zu betrachten, das Geschehen in der Erscheinungswelt nicht nach seiner anscheinenden Gleichgiltigkeit gegen unsern sittlichen Endzweck zu beurtheilen, die ein Resultat der Betrachtung der Erscheinungswelt nach Naturgesetzen ist, sondern dasselbe nach ihrem übersinnlichen Grunde als zweckmäßiges Mittel dazu aufzufassen.

**) Es scheint mir, als sei durch diese Scala die elegantere Deduction, welche Cohen von Kants Begründung der Ethik gegeben, als nichtlautlich erwiesen. Derselbe will zeigen, daß Kants Erfahrungslehre die Möglichkeit einer Ethik nicht bloß offen läßt, sondern eine Ethik fordert, daß die Consequenzen aus der ersteren auf eine Ethik hinführen. Er bestrebt sich demgemäß aus der tiefer gefaßten Erfahrungslehre das Recht der der Ethik eignen Begriffe abzuleiten, indem die Categorie ihre Erweiterung zu der durch die Ethik inhaltlich bestimmten Idee fordre. So steht es ihm auf diesem Wege fest, daß das Uebersinnliche des Freiheitsbegriffes und das den Naturbegriffen zu Grunde liegende eins sind. Da braucht er freilich die Postulate nicht. Da ist es ihm ein alltäglger Zweifel, ob wohl auch wirklich werden könne, was nach der Idee der Freiheit und durch Thun und Lassen wirklich werden soll: „unsre gesammte Erfahrungsgewißheit hat ihre Begrenzung gefordert und in dem Reich der Zwecke gefunden Und nun waltet die Maxime mit unumschränkter Gewalt: und jede weitere Frage ist zu erledigen durch die Wiederholung des Capitels von der Begrenzung". Nach Kant läßt vielmehr die Erfahrungslehre der Ethik überall nur den Boden offen: sie kann überhaupt nicht, die theoretische Urtheilskraft kann nicht endgültig den Inhalt der der Natur zu Grunde liegenden

in ihren besondren Grenzen zur Faßlichkeit für die menschliche Urtheilskraft, ist nun auch die objective Zweckmäßigkeit, vermöge deren wir die Organismen so beurtheilen, als ob ihnen ein innerer Zweck zu Grunde läge und in ihnen die Wirkung bestimmte, kein Princip, welches dazu dienen sollte oder könnte, die Natur zu erklären, sie dient nur als heuristisches Princip, um die Naturforschung nach der Analogie mit der Causalität nach Zwecken unter Principien der Beobachtung und Nachforschung zu bringen; sie schließt die Aufgabe der Erklärung nach dem Mechanismus der wirkenden Ursachen nicht aus, sondern ein. Ebenso hypothetisch ist die Erweiterung dieser inneren zur äußern Zweckmäßigkeit der Naturdinge für einander, obwohl dieselbe natürlich und nützlich ist. Die Idee, auf welche diese Beurtheilung der Natur als zweckmäßiger führt, die eines verständigen Urhebers derselben, ist kein objectiv-dogmatischer Satz, ruht vielmehr lediglich auf subjectiven Bedingungen unsrer Erkenntnißkraft. Zwecke beobachten wir nicht in der Natur, sondern wir denken sie hinzu, ohne einen solchen Begriff in seiner objectiven Realität als annehmungsfähig rechtfertigen zu können. Es beruht auf einer Beschaffenheit unsres Verstandes, daß wir zwischen Mechanismus der Natur und Zweckmäßigkeit in ihr einen Unterschied finden. Vgl. § 77. Die diskursive Natur desselben bringt es mit sich, daß wir ein reales Ganzes der Natur nur als Wirkung der concurrirenden bewegenden Kräfte der Theile ansehen können. Wollen wir uns die Möglichkeit der Theile als vom Ganzen abhängend vorstellen, so kann dies nur so geschehen, daß die Vorstellung eines Ganzen den Grund der Möglichkeit der Form desselben und der dazu gehörigen Verknüpfung der Theile enthalte, d. h. die Bestimmung der Theile durch das Ganze ist uns nur im Schema der Zweckvorstellung möglich. Anders würde sich die Sache von dem problematischen Begriff eines intuitiven Verstandes aus stellen. Der Zweck ist unser Schema für die Betrachtung des intelligiblen Realgrundes der Materie, durch welchen das, was nach mechanischen Gesetzen als zufällig erscheint, als nothwendig beurtheilt wird. „Die Beziehung der Naturerscheinungen auf eine verständige zwecksetzende Ursache außer ihr ist mithin eine Folge der subjectiven Bedingung unsres Vernunftgebrauchs, wenn sie die Beurtheilung der Gegenstände nicht bloß als Erscheinungen angestellt wissen will, sondern diese Erscheinungen selbst, sammt ihren Principien auf das übersinnliche Substrat zu beziehen verlangt, um gewisse Gesetze der Einheit derselben möglich zu finden, die sie sich nicht anders als durch Zwecke vorstellig machen kann."

Nach diesen Vorbemerkungen wenden wir uns zur Sache selbst. Die Anwendung des Zweck-gedankens auf die Beurtheilung der Erfahrungswelt oder Natur führt mit Nothwendigkeit zu der Auf-gabe, die Zwecke in einem obersten Zweck, einem Endzweck zu vereinigen. Nun muß ein Ding, welches als Endzweck einer verständigen Ursache existiren soll, von der Art sein, daß es in der Ordnung der Zwecke von keiner anderweitigen Bedingung als seiner Idee abhängig ist. Diese Bedingung erfüllt allein die Menschheit als Subject der Moralität, in welcher Beziehung allein in ihr unbedingte Gesetz-gebung in Ansehung der Zwecke anzutreffen ist. Das ist aber ein Gedanke, der gänzlich über die Naturbetrachtung, auch über die physicotheologisch erweiterte, hinausliegt. Darum gelingt es ihr auch nicht die Beurtheilung der Welt als eines zweckmäßigen Ganzen zu Ende zu führen; sie kann für die

---

Uebersinnliche bestimmen: erst das Soll der auf die Natur bezogneu Freiheitsidee giebt — und lediglich zum prattischen Behuf — Möglichkeit und Recht eines bestimmten Urtheils. Ja, Kants ganze Ethik wird durch diese erkenntnißtheoretische Begründung auf die Erfahrungslehre gradezu umgestoßen. Cohen geräth, wie mir scheinen will, auf diesem Wege an ein Ziel, welches er jedenfalls nicht erstrebt, er geräth in die Bahnen der Schleiermacher'schen Begründung von Ethik und Theorie — auf eine zum Erkennen wie zum Wollen gleichermaßen zu postulirende transcendentale Einheit alles Seins, von Geist und Natur, auf eine nur in der Form der Deduction, nicht dem Inhalt nach von Schelling geschiedene Identitätslehre. Jedenfalls dürfte, wer nicht bloß die Anwendbarkeit, sondern auch den Inhalt der Ethik erkenntnißtheoretisch zu begründen sich genöthigt sieht, kein Recht haben, gegen die Kantischen Postulate, die sich lediglich auf den unbedingten Werth der sich selbst gesetzgebenden Vernunft gründen, den Vorwurf einer Einschränkung des Geltungswerthes der ethischen Realität zu erheben. Was schließlich die Vermittlung von Cohens Erweiterung der Categorie zur Idee betrifft, des Regressus bedingter Ursachen zum an sich seienden Zweck, so ist hier die Anwendung der Categorie der Moralität auf die gegebene Erfahrung, aus welche erst die Categorien bezogen werden, wonach diese ganze Erfahrung alsdann „über dem Abgrund der intelligiblen Zufälligkeit schwebt" — allerdings kein Widerspruch der immanenten Geltung derselben (denn die Categorie der Nothwendigkeit hat hier, wie Cohen selbst ausspricht, einen ganz andern Sinn als innerhalb der Erfahrung), aber der Gedanke der intelligiblen Zufälligkeit ist ein Werthurtheil, das das ethische Selbstgefühl fällt, er entspringt aus der Messung dieses ganzen Daseins an dem Werth des unbedingten Soll, setzt mithin dessen Geltung voraus: also kann das letztere in keiner Weise von hier aus deducirt werden. Diese Bemerkungen beanspruchen nicht, eine Widerlegung des hochbedeutenden Werkes zu sein; ich kann hier nur meine Differenz constatiren.

uns „subjectiv" nothwendige Beziehung der Naturzwecke auf eine verständige Welturjache kein Princip geben, die Natur und Eigenschaften der letzteren als obersten Grundes im Reiche der Zwecke zu denken. „Da wir nun den Menschen als moralisches Wesen für den Zweck der Schöpfung anerkennen, so ist die Hauptbedingung erfüllt, die Welt als ein nach Zwecken zusammenhängendes Ganze anzusehen, und zugleich ist ein Princip gegeben, die Eigenschaften der obersten Ursache zu denken." Sie ist nicht bloß als Intelligenz und gesetzgebend für die Natur, sondern auch als „gesetzgebendes Oberhaupt in einem moralischen Reich der Zwecke zu denken." Und hiermit wird nicht bloß der physisch-theologische Beweisgrund ergänzt, so daß er doch immer zu Grunde gelegt werden müßte; das Princip ist um seiner Apriorität willen für sich hinreichend und treibt die Aufmerksamkeit auf die Zwecke der Natur.

Es war eine regulative Maxime der theoretischen Beurtheilung der Erfahrungswelt als eines Ganzen, auf deren Entdeckung Kant ausging. Das Feld, auf welchem die gesunde sich fruchtbar zu erweisen haben wird, ist die Geschichte: es ist das heuristische Princip für eine Philosophie der Geschichte, was jetzt bestimmt ist. Nach der Analogie mit den andern regulativen Principien bestimmt dasselbe nichts als seiend, sondern weist den Weg zur Erforschung der Menschengeschichte in ihrem Zusammenhang mit der Natur, es hilft die Totalität der hier zusammenwirkenden Ursachen aufspüren und ihr Verhältniß ermitteln. Kant hat selbst einige Anwendungen des Principes in diesem Sinne in der K. d. U. vorgenommen. Und in dem Maaße, als es zu diesem Behufe sich als fruchtbar erweist, wird es uns Befriedigung gewähren. Soweit ist es aber nur ein Princip, auf dem Wege der Erfahrungsforschung nach einer systematischen Welteinheit zu suchen. Es trägt jedoch weiter. Der Gedanke, daß wir den Menschen als moralisches Wesen für den Zweck der Schöpfung anerkennen, ist weiterer Entfaltung fähig und bedürftig. So wird denn ohne Beziehung auf die physische Teleologie dieser Gedanke noch einmal erörtert, und ein Beweis für das Dasein Gottes vorgetragen, lediglich von den beiden Praemissen aus, die im Begriff des moralischen Vernunftwesens liegen, welches unter moralischen Gesetzen steht.

Zunächst werden die Praemissen klar gestellt. Im Begriff eines vernünftigen, mit Freiheit begabten Wesens finden wir eine moralische Teleologie; dieselbe wird in uns selbst a priori als nothwendig erkannt und bedarf keiner verständigen Ursache außer uns für diese innere Gesetzmäßigkeit. Aber diese moralische Teleologie betrifft uns als Weltwesen und also mit andern Dingen in der Welt verbundne Wesen, auf welche letzteren entweder als Zwecke (nämlich andre sittliche Wesen) oder als Gegenstände, in Ansehung deren wir selbst Endzweck sind, unsre Beurtheilung zu richten eben dieselben moralischen Gesetze uns zur Vorschrift machen. Ist nun unsre vernünftige Beurtheilung genöthigt über die Welt hinauszugehen und zu jener Beziehung der Natur auf das Sittliche in uns ein oberstes Princip zu suchen, um die Natur auch in Beziehung auf die moralische innere Gesetzgebung und deren mögliche Ausführung uns als zweckmäßig vorzustellen?

Das moralische Gesetz bestimmt uns einen Endzweck, welchem nachzustreben es uns verbindlich macht, und dieser ist das höchste durch Freiheit mögliche Gut in der Welt. Welches ist der Inhalt desselben? Das moralische Gesetz bestimmt ihn uns: es ist also sein objectiver Grund und sein Inhalt kann nur das Gute sein. Aber es bestimmt ihn uns, Menschen, endlichen Vernunftwesen. „Die subjective Bedingung, unter welcher der Mensch (und nach unsern Begriffen auch) jedes vernünftige endliche Wesen) sich unter dem obigen Gesetze, einen Endzweck setzen kann, ist die Glückseligkeit. Folglich, das höchste in der Welt mögliche und so viel an uns ist als Endzweck zu befördernde physische Gut ist die Glückseligkeit unter der objectiven Bedingung der Einstimmung des Menschen mit dem Gesetze der Sittlichkeit als der Würdigkeit glücklich zu sein." Hier erscheint es also als unsre Aufgabe, die Glückseligkeit ein physisches Gut in der Welt — als obersten Zweck zu befördern. Heißt das, im Bewußtsein, daß wir es werth sind, uns das möglichst große Quantum Glückseligkeit (äußeres Wohlergehen) „so viel an uns ist" zu verschaffen zu suchen? Das wird niemand Kant zutrauen. Sollen wir also die Glückseligkeit Aller anstreben?*) Worin besteht dieselbe? Für den einen hierin, für

---

*) 429 „Wir sind a priori durch die Vernunft bestimmt, das Weltbeste, welches in der Verbindung des größten Wohls der vernünftigen Weltwesen mit der höchsten Bedingung des Guten an denselben d. i. der allgemeinen Glückseligkeit mit der gesetzmäßigen Sittlichkeit besteht, nach allen Kräften zu befördern." Ebenso ist nach der „Tugendlehre" der Zweck dessen Erfüllung anzustreben Pflicht ist, eigne Vollkommenheit und fremde Glückseligkeit.

den andern darin, heute hierin, morgen darin. „Uebereinstimmung des Zustandes mit allen Wünschen und Reigungen", aber mit welchen? 388. „Der Begriff der Glückseligkeit ist nicht ein solcher, den der Mensch etwa von seinen Instinkten abstrahirt und so aus der Thierheit in ihm selbst hernimmt, sondern ist eine bloße Idee eines Zustands, welcher er den letzteren unter bloß empirischen Bedingungen (welches unmöglich ist) adaequat machen will. Er entwirft sie sich selbst und zwar auf so verschiedne Art durch seinen mit der Einbildungskraft und mit den Sinnen verwickelten Verstand; er ändert sogar diesen so oft, daß die Natur, wenn sie auch seinen Willen unterworfen wäre, doch schlechterdings kein bestimmtes allgemeines und festes Gesetz annehmen könnte, um mit diesem schwankenden Begriff und so mit dem Zweck, den jeder sich willkürlicher Weise setzt, übereinzustimmen. „(Und von allem abge= sehen) so würde doch, was der Mensch unter Glückseligkeit versteht, von ihm nie erreicht werden; denn seine Natur ist nicht von der Art, irgendwo im Besitze und Genuße aufzuhören und befriedigt zu werden". Und dieser Zweck, der seinem Inhalt nach nicht zu bestimmen und seiner Art nach nicht aus= zuführen ist, sollte das höchste durch die sittliche Freiheit mögliche Gut in der Welt sein, was wir soviel an uns ist zu befördern hätten? Die Bedingung aber, die hinzugefügt ist, macht die Sache nur schlimmer: „unter der objectiven Bedingung der Einstimmung des Menschen mit dem Gesetze der Sittlichkeit als der Würdigkeit glücklich zu sein." Wir müßten offenbar allwissend sein, um nicht nur uns, sondern auch die andern Menschen auf diese Würdigkeit taxiren zu können, weil wir nur unter dieser Bedingung bestrebt sein dürften, uns und ihnen das proportionirte Quantum Glückseligkeit zu verschaffen. Nun sagte Kant, daß die Glückseligkeit ein Zustand sei, der mit dem Zwecke, den jeder sich willkürlich setze, übereinstimme. Der Wille, der sich hier Zwecke setzt oder setzen soll, ist aber der sittlich bestimmte: so ist doch die Glückseligkeit nichts andres als der mit der Idee des Guten überein= stimmende oder ihr adaequate Zustand d. h. ihre Verwirklichung, als Quelle der Lust für das Subject betrachtet. Unter bloß empirischen Bedingungen, sagte Kant, sei es unmöglich, der Idee eines solchen Zustands denselben adaequat zu machen; so wird es unter nicht=empirischen möglich sein. Die Bedingungen sind die Bestimmungsgründe des Willens, der sich den Zweck setzt d. h. sich die Idee eines zu realisirenden Zustandes macht, die nicht=empirischen sind das sittliche Gesetz; sie sind unbedingt, der durch sie bestimmte Zweck ist von unbedingtem Werth; die Befriedigung, die er gewährt, sofern er erreicht wird, wird somit auch eine absolute sein, die jedes Verlangen nach Wechsel und nach höherem Genuß ausschließt. Dasselbe besagt S. 425. „Aber das eine Erforderniß des Endzwecks, wie ihm die praktische Vernunft den Weltwesen vorschreibt, ist ein in sie durch ihre Natur (als endlicher Wesen) gelegter unwiderstehlicher Zweck, den die Vernunft nur dem moralischen Gesetze als unverletzlicher Bedingung unterworfen oder auch nach demselben allgemein gemacht wissen will und so die Beförderung der Glückseligkeit in Einstimmung mit der Sittlichkeit zum Endzwecke macht." „Oder auch nach dem= selben allgemein gemacht wissen will." Unser Begehren, sofern es sich die Glückseligkeit zum Bestim= mungsgrunde macht, ist auf besondre, empirisch bedingte Zwecke gerichtet, die dem individuellen Ich Förderung versprechen. Allgemein gemacht wird dieser in der Natur der endlichen Wesen liegende un= widerstehliche Zweck, wenn das sittliche Subject die Förderung seiner selbst in der Einordnung in die sittliche Gemeinschaft findet, wenn die Person es gelernt hat, sich dem Zweck an sich der Persönlichkeit unterzuordnen. Es kommt also auch hier lediglich die psychologische Form des endlichen Willens in Betracht, das nicht bloß im Thun, sondern grade im Wollen das sittliche Gesetz als oberste unverletzliche Norm für sich anerkennt, im Gefühl der Achtung sich unbedingt seiner Pflicht unterwirft, aber es nicht lassen kann, den durch das Gesetz aufgegebnen Zweck zu lieben als Förderung seines so bestimmten Selbst und deshalb seine Verwirklichung nicht bloß zu wollen aus Achtung, sondern zu wünschen aus Liebe. Glückseligkeit zu befördern als höchstes physisches Gut in der Welt bedeutet nichts andres als die gegenseitige Förderung in sittlichen Zwecken, eine durch den Gedanken des Reichs der Zwecke aller= dings praktisch nothwendige Aufgabe, eine in einer durchgängig moralisch bestimmten und mit der ent= sprechenden physischen Causalität ausgerüsteten Welt auch erfüllbare Aufgabe. Nicht aber unter den empirischen Bedingungen unseres Handelns.*)

---

*) Was der Inhalt des höchsten Gutes ist und was die physische Unmöglichkeit seiner Verwirklichung bedeutet, zeigt unmißverständlich das folgende Beispiel: 427,8. „Wir können einen rechtschaffenen Mann annehmen, der sich fest überredet

Den Beweis, daß Kant keine Ausweichung in den Eudämonismus begeht, halte ich nunmehr für ausreichend geleistet.

Es bleiben noch zwei Punkte zu erledigen, die Frage, ob durch dieses Dringen auf den Erfolg nicht doch eine Verunreinigung der Sittlichkeit statt hat, und sodann die Frage nach dem Grade des Geltungswerthes, der der Annahme des Daseins Gottes zukommt. Die Antwort ist in den drei Kritiken die gleiche.

Warum ist es nicht so wohl „zur Sittlichkeit" als „durch die Sittlichkeit" nothwendig, eine Zusammenstimmung des Reichs der Natur zum Reich der Freiheit zu postuliren? Sind doch die moralischen Gesetze von dieser Idee so unabhängig, daß sie vielmehr der Grund der letzteren sind, sind sie doch der einzige feste Punkt, den wir haben, um über Natur und Erfahrung hinauszukommen, das einzige absolut Nothwendige, an und für sich Werthvolle, warnt doch Kant aufs nachdrücklichste davor, daß (Kr. d. r. V. 846) „praktische Vernunft sich gar nicht unterwinden dürfe, gleich als hätte sie sich zur unmittelbaren Kenntniß neuer Gegenstände emporgeschwungen, nun von diesem Begriffe auszugehn und die moralischen Gesetze selbst von ihm abzuleiten." „Wir können sie nicht nach diesem wiederum als zufällig und vom bloßen Willen abgeleitet denken", bildet doch Kant demgemäß die Formel (847): „wir werden Handlungen nicht darum für verbindlich halten, weil sie Gebote Gottes sind, sondern sie darum als göttliche Gebote ansehen, weil wir dazu innerlich verbindlich sind." Wie kann hiernach Kant noch sagen (843) „.. die Ursache erwägen, die diesem (der sittlichen Einheit, als einem nothwendigen Weltgesetze) allein den angemessenen Effect, mithin auch für uns verbindende Kraft geben kann," ohne seine ganze Ethik zurückzunehmen? Die Lösung giebt die Unterscheidung von Gesetz und Maxime, von kritischen und dogmatischen Principien der Sittlichkeit. Allerdings muß auch die Maxime selbst sittlich sein, das Gesetz muß zur Maxime werden: es fragt sich aber, unter welchen Bedingungen ist das möglich?

Feststeht unberührt von dem Gedanken des Endzwecks sowie seiner Ausführbarkeit der auf sich beruhende und durch sich unbedingt geltende Werthinhalt des Sittengesetzes, sowie sein alleiniges Recht, den Willen zu bestimmen — das sind die kritischen Prinzipien der Sittlichkeit, nach denen alles menschliche Wollen auf seinen Werth beurtheilt wird. Davon sind die dogmatischen Principien der Sittlichkeit zu unterscheiden, unter denen die Bestimmung des Willens durch jene erst möglich wird, nicht in dem Sinne der antecedirenden allmäligen Cultur des Intellects und Willens, die, so nothwendig sie ist, hier nicht in Betracht kommt, noch weniger solcher Naturbedingungen, die es verständlich machten, wie überhaupt das Gesetz der Freiheit den Willen bestimmt trotz der Naturursachen — das ist eine unbegreifliche, wenn auch durch den absoluten Werth, den das Soll hat, erklärliche Thatsache — sondern die mit der Anwendung als Gesetzes auf den Willen des empirischen Menschen unausweichlich gegebenen Folgen, die von seiner psychologischen Beschaffenheit abhängen. Muß jede, auch die sittliche Bestimmung des Willens Zwecke herbeiführen, müssen diese dem sittlichen Selbst Förderung versprechen, so wird jedes Ausbleiben des Erfolgs eine Unlust grade für das sittlich bestimmte Selbst bedeuten, ein empirisch und sittlich zugleich bedingtes Gefühl in dem empirischen Subject, welches das Gefühl der Achtung vor dem Gesetz in seiner willenbestimmenden Kraft nothwendigerweise hemmen wird.

(Kr. d. r. V. 840) „Praktische Gesetze, sofern sie zugleich subjective Gründe der Handlungen d. i. subjective Grundsätze werden, heißen Maximen. Die Beurtheilung der Sittlichkeit, ihrer

hält, es sei kein Gott und auch kein künftiges Leben: wie wird er seine eigne innere Zweckbestimmung durch das moralische Gesetz, welches er thätig verehrt, beurtheilen? Er verlangt von Befolgung desselben für sich keinen Vortheil, weder in dieser noch in einer andern Welt: uneigennützig will er vielmehr nur das Gute stiften, wozu jenes heilige Gesetz allen seinen Kräften die Richtung giebt. Aber sein Bestreben ist begrenzt; und von der Natur kann er zwar hin und wieder einen zufälligen Beitritt, niemals aber eine gesetzmäßige und nach beständigen Regeln (so wie innerlich seine Maximen sind und sein müssen) eintreffende Zusammenstimmung zu dem Zwecke erwarten, welchen er sich doch verbunden und angetrieben fühlt. Betrug, Gewaltthätigkeit und Neid werden immer um ihn im Schwange gehn, ob er gleich selbst redlich, friedfertig und wohlwollend ist; und die Rechtschaffnen, die er außer sich noch antrifft, werden, unangesehen aller ihrer Würdigkeit glücklich zu sein, dennoch durch die Natur, die darauf nicht achtet, allen Uebeln des Mangels, der Krankheiten, des unzeitigen Todes, gleich den übrigen Thieren der Erde unterworfen sein und es auch immer bleiben, bis ein weites Grab sie insgesammt (redlich oder unredlich, das gilt hier gleichviel) verschlingt, und sie, die da glauben konnten, Endzweck der Schöpfung zu sein, in den Schlund des zwecklosen Chaos der Materie zurückwirft, aus dem sie gezogen waren. — Den Zweck also, den dieser Wohlgesinnte bei Befolgung der moralischen Gesetze vor Augen hatte und haben sollte, müßte er allerdings als unmöglich aufgeben."

Reinigkeit und Folgen nach, geschieht nach Ideen, die Befolgung ihrer Gesetze nach Maximen. Es ist nothwendig, daß unser ganzer Lebenswandel sittlichen Maximen untergeordnet werde. Es ist aber zugleich unmöglich, daß dies geschehe, wenn die Vernunft nicht mit dem moralischen Gesetze, welches eine bloße Idee ist, eine wirkende Ursache verknüpft, welche dem Verhalten nach demselben einen unsern höchsten Zwecken genau entsprechenden Ausgang, es sei in diesem oder einem andern Leben bestimmt. Ohne also einen Gott und eine für uns jetzt nicht sichtbare, aber gehoffte Welt, sind die herrlichen Ideen der Sittlichkeit zwar Gegenstände des Beifalls und der Bewunderung, aber nicht Triebfedern des Vorsatzes und der Ausübung, weil sie nicht den ganzen Zweck, der einem jeden vernünftigen Wesen natürlich und durch eben dieselbe Vernunft a priori bestimmt und nothwendig ist, erfüllen". Ja, die Vernunft sieht sich genöthigt, entweder jene Annahmen zu machen „oder die moralischen Gesetze als leere Hirngespinnste anzusehen, weil der nothwendige Erfolg, den dieselbe Vernunft mit ihnen verknüpft, ohne jene Voraussetzung wegfallen müßte." 839. Dasjenige, was uns als Maxime zum Handeln bewegt, ist und bleibt mithin inhaltlich betrachtet der an sich seiende, von keiner Relation abhängende Werth der moralischen Gesetze, resp. die subjective Anerkennung dieses Werthes („Beifall und Bewunderung"); diese Anerkennung aber bliebe rein zuständlich, dem ästhetischen Verständniß des Erhabenen vergleichbar, könnte nicht den Willen zum Handeln bewegen, wenn der durch sie aufgegebene Zweck sich als unrealisirbar herausstellte. Das nothwendige Correlat der Triebfeder ist der Zweck, es ist aber ein Widerspruch in sich selbst gemäß der psychologischen Form unsres Willens, daß unser Wille auf einen unrealisirbaren Zweck sich richten soll. Wir können und müssen wohl im einzelnen Fall von dem Erfolg absehen, um der Pflicht willen, (wie überhaupt „die Erfüllung der Pflicht in der Form des ernstlichen Willens, nicht in den Mittelursachen des Gelingens besteht", kritisch betrachtet). Wir können dies aber nur und thun es erfahrungsgemäß auch nur, weil wir in irgendeiner Form die vom sittlichen Werthgefühl hervorgerufene Ueberzeugung hegen, daß sittliches Thun nie fruchtlos ist, in irgendwelcher Form seinen Erfolg hat, daß der sittliche Endzweck überhaupt seine Erfüllung findet. Es darf nun kaum als ein sittlich höherer Standpunkt erscheinen, wenn man darauf verzichtet, diesem Urtheil, welches unausweichlich mit der Beziehung der sittlichen Idee auf die Welt gegeben ist, deutlichen und zusammenhängenden Inhalt zu geben, wodurch es allein die Kraft erlangt, einen Willen, der nicht schon seiner Natur nach durch das moralische Gesetz bestimmt ist, sondern es nur werden soll, zur consequenten und freudigen Festhaltung des sittlichen Beweggrundes zu befähigen. Denn ein Zweck, der sich als unrealisirbar herausstellt und doch durch das unbedingte sittliche Gesetz uns nothwendig aufgegeben wird, bedeutet einen Widerspruch, der unser persönliches Selbstgefühl, das auf der Bestimmung durch das sittliche Gesetz ruht, aus dem Gleichgewicht bringt: „es kann nicht geschehen ohne einen der moralischen Gesinnung widerfahrenden Abbruch." Der Grund dieses nichtigen Zweckes, der dennoch nicht etwa eine irrthümlich gezogene Folgerung, sondern praktisch nothwendig und unerläßlich ist, würde in der That sich selbst aufheben, das Gesetz würde „phantastisch" erscheinen. Es wäre sophistisch, behaupten zu wollen, damit werde das Unbedingte zum Bedingten gemacht. Das Unbedingte ist ja nicht ein Sein, sondern eine Forderung: die letztere gilt als Forderung nicht erst unter einer Bedingung, die vorher eingesehen werden müßte als thatsächlich möglich oder vorhanden, sondern, weil sie unbedingt gilt, darum muß auch das Urtheil gefällt werden, daß wirklich werden kann, was wirklich werden soll. Dieser theoretische Act hat seinen Impuls nicht in vorhergehender kluger Berechnung, sondern in dem vorausgehenden Gefühl vom Werthe des Sittlichen.

Demgemäß bedeutet der Ausdruck „verbindende Kraft" nicht die Substitution eines andern Grundes der Verbindlichkeit, sondern die Bedingung, unter welcher dieser an sich seiende und absolute Werth zum Bestimmungsgrunde des endlichen Willens werden kann. Und hiervon ist keineswegs eine Verunreinigung der Sittlichkeit die Folge: denn es wird keinerlei empirischer Zweck, kein mit empirischem Inhalt, der einer bestimmten oder beliebigen natürlichen Neigung entspräche, erfüllter Zweck Beweggrund des Willens. Es handelt sich nur um ein Moment, welches aus dem Begriff eines Zweckes für unsern Willen (auch eines mit a priori festgestelltem Inhalt) gemäß der unabtrennbaren psychologischen

4

Form beider Begriffe analytisch abfolgt, um die Gewißheit der Realisirbarkeit. Nicht vernichst sich inhaltlich eine Hoffnung, ein Wunsch, ein Begehren trübend mit der rein sittlichen Maxime, sondern, was Maxime werden will, (Maxime aber ist ein psychologischer Begriff) muß der vom Begriff des endlichen Vernunstwesens unabtrennbaren psychologischen Form sich fügen.

Es ist nun noch die besondere Beziehung in's Auge zu fassen, in welcher allein die Annahme der mit dem sittlichen Endzweck zusammenstimmenden systematischen Einheit der Welt Realität oder Allgemeingültigkeit hat. Es wird angemessen sein, auch diesen Gedanken durch die drei Kritiken hindurch zu verfolgen.

Wir sahen bereits, daß für Kant die Begriffe der Freiheit, Unsterblichkeit, göttlichen Intelligenz, mag ihre Realität auch apodiktisch gewiß sein, keinerlei Erweiterung unseres Erfahrungswissens gewähren, theoretisch also völlig unfruchtbar sind, ebenso wenig das in seiner absoluten Nothwendigkeit feststehende Sittengesetz erst begründen, d. h. für dessen Inhalt die Quelle, für dessen Werth der Erkenntnißgrund werden können: Die Gewißheit eines solchen vernünftigen Ganzen der Welt hat mithin nur Werth, Bedeutung, Interesse, Sinn für unser sittliches Streben. Von diesem abgesehen bleibt, wenn es sich um bestimmende Erkenntniß handelt — denn der Gedanke des heuristischen Princips für die Aufsuchung der empirischen Causaleinheiten kommt hier nicht in Betracht — nur ein ganz halt- und fruchtloses Meinen über, dessen Gegenstand völlig problematisch ist. (Kr. d. r. V. 847) „Die Moraltheologie ist also nur von immanentem Gebrauche, nämlich unsre Bestimmung hier in der Welt zu erfüllen, indem wir in das System aller Zwecke passen". Im Uebrigen besagt der Unterschied von Hypothese und Postulat, daß, diese Beziehung vorausgesetzt, der Gewißheitsgrad ein apodiktischer ist; derselbe gilt aber überall nur für den, der die höchste sittliche Aufgabe, die von aller natürlichen Neigung abstrahirt, für sich gültig erkennt, und auch für ihn nur in der Beziehung auf diese Aufgabe, „im praktischen Gebrauch".[*) 661. „Da es praktische Gesetze giebt, die schlechthin nothwendig sind (die moralischen), so muß, wenn diese irgend ein Dasein als die Bedingung der Möglichkeit ihrer verbindenden Kraft, nothwendig voraussetzen, dieses Dasein postulirt werden, (per thesin im Unterschied von per hypothesin, wo die Bedingung nur als zufällig und beliebig vorausgesetzt wird. 660) „darum weil das Bedingte, von welchem der Schluß auf diese bestimmte Bedingung geht, selbst a priori als schlechterdings nothwendig erkannt wird. Während der physisch-theologische Beweis (vgl. 853ff.) ein theoretisch unzureichendes Fürwahrhalten ergiebt, welches sich auf objective, aber zum Wissen unzureichende Gründe stützt, (es liegt dies auf gleicher Linie mit der Ueberzeugung, daß einer der Planeten, die wir sehen, Einwohner hat, und Kant nennt es im Unterschiede von dem auch subjectiv unzureichenden Meinen doctrinalen Glauben) ist es mit dem moralischen Glauben ganz anders bewandt. 856. „Denn da ist es schlechterdings nothwendig, daß etwas geschehen muß, nämlich, daß ich dem sittlichen Gesetz in allen Stücken Folge leiste. Der Zweck ist hier unumgänglich festgestellt, und es ist nur eine einzige Bedingung nach aller meiner Einsicht möglich, unter welcher dieser Zweck mit allen gesammten Zwecken zusammenhängt und dadurch praktische Gültigkeit hat, nämlich daß ein Gott und eine künftige Welt sei: ich weiß auch ganz gewiß, daß niemand andre Bedingungen kenne, die auf dieselbe Einheit der Zwecke unter dem moralischen Gesetz führen. Da aber also die sittliche Vorschrift zugleich meine Maxime ist, (wie denn die Vernunft gebietet, daß sie es sein soll), so werde ich unausbleiblich ein Dasein Gottes und ein künftiges Leben glauben und bin sicher, daß diesen Glauben nichts wankend machen könne, weil dadurch meine sittlichen Grundsätze selbst umgestürzt werden würden, denen ich nicht entsagen kann, ohne in meinen eigenen Augen verabscheuungswürdig zu sein." Kurz, es ist ein „Erkenntniß" (846), welches so an unser höchstes Interesse geknüpft und dadurch zwar nicht zu einem demonstrirten Dogma, wohl aber zu einer schlechterdings nothwendigen Voraussetzung bei den wesentlichen Zwecken der praktischen Vernunft gemacht ist." Die Beschränkung des

---

*) 857. „Die Ueberzeugung ist nicht logische, sondern moralische Gewißheit, und da sie auf subjectiven Gründen (der moralischen Gesinnung) beruht, so muß ich nicht einmal sagen: es ist moralisch gewiß, sondern ich bin moralisch gewiß u. s. w." Hiernach erledigt sich Fünjers logische Correctur, Kant habe nicht allgemein vom Gesetz, sondern von der Aufnahme in die Maxime aus, particulär, schließen müssen. Eben dies hat Kant mit unzweifelhafter Deutlichkeit eingeschärft.

Beweises bedeutet hiernach nicht eine solche des Grabes der Gewißheit, sondern des Gebrauches. — Hatte Kant schon in der Kr. d. r. V. gesagt „es ist nur eine einzige Bedingung nach aller meiner Einsicht ꝛc.", so schränkt er das Urtheil, daß die Möglichkeit des höchsten Gutes nur unter Voraussetzung eines moralischen Welturhebers könne eingeräumt werden, in der Kr. d. pr. V. ausdrücklich auf die subjectiven Bedingungen unsrer Vernunft ein. (VIII, 290—92.) Die Bedingung der Möglichkeit des höchsten Guts ist die Zusammenstimmung des Reiches der Natur mit dem Reich der Sitten. Das Gebot, das höchste Gut zu befördern, ist objectiv in der praktischen Vernunft gegründet, die Idee desselben hat objectiv-praktische Realität: auch die theoretische Behauptung seiner so bestimmten Möglichkeit, die dem Impulse nach auf der Art ruht, wie uns reine praktische Vernunft die Dinge zu beurtheilen zwingt, somit nicht zur Erweiterung unsrer theoretischen Erkenntniß dient, sondern bloß zum praktischen Gebrauch, zur Kräftigung der sonst in schweren Conflict gestürzten moralischen Gesinnung — ist gleichfalls objectiv gegründet in der theoretischen Vernunft, die nichts dawider hat. Das hat folgenden Sinn. Die nur mit Gegebnem rechnende theoretische Welterkenntniß kann uns allerdings durch nichts zur Behauptung einer solchen Zusammenstimmung des Reiches der Natur zum Reich der Sitten treiben, wo aber reine praktische Vernunft eine solche objectiv oder allgemeingültig fordert, kann sie nichts dagegen haben. Kant führt es hier nicht aus, was dies „nichts dawider haben können" bedeute. Nun ist aber klar, daß der für die theoretische Vernunft allerdings nothwendige, aber problematische Grenzbegriff eines der Erscheinungswelt, die allein Object der theoretischen Erkenntniß ist, zu Grunde liegenden Uebersinnlichen durch jene Bedingung der Möglichkeit des höchsten Guts seine Bestimmung erhält. Da die theoretische Vernunft diesen Begriff als möglich anerkennen muß, ohne ihn irgendwie bestimmen zu können, so kann, wenn reine praktische Vernunft ihn bestimmt, sie „nichts dawider haben". Diese Möglichkeit ist somit objectiv in ihr begründet. Es ist ja eine intelligible Weltordnung, die durch die Behauptung jener Zusammenstimmung festgesetzt wird: es wird nicht eine Verwandlung der gesetzmäßig zusammenhängenden Erscheinungswelt postulirt, sondern das Recht zu einer Beurtheilung des derselben zu Grunde liegenden Uebersinnlichen im Verhältniß zu dem durch das moralische Gesetz Geforderten, wonach die durch jenes Uebersinnliche bestimmten Gesetze der Naturwelt zu den Objecten des sittlichen Gesetzes zusammenstimmen. Da hat (241) ann „die Art, wie wir uns eine solche Harmonie der Naturgesetze mit denen der Freiheit denken wollen, etwas an sich, in Ansehung dessen uns eine Wahl zukommt, weil theoretische Vernunft hierüber nichts mit apodiktischer Gewißheit entscheidet". „In der That ist die genannte Unmöglichkeit (nämlich jene Zusammenstimmung anders als unter Voraussetzung eines verständigen moralischen Welturhebers möglich zu denken) bloß subjectiv, d. i. unsre Vernunft findet es ihr unmöglich, sich einen so genau angemessnen, und durchgängig zweckmäßigen Zusammenhang zwischen zwei nach so verschiednen Gesetzen sich ereignenden Weltbegebenheiten nach einem bloßen Naturlaufe begreiflich zu machen, ob sie zwar, wie bei allem, was sonst in der Natur Zweckmäßiges ist, die Unmöglichkeit desselben nach allgemeinen Naturgesetzen, doch auch nicht beweisen d. i. aus objectiven Gründen hinreichend darthun kann." Der Schlußsatz zeigt, worin das Correlat zu dem „bloß subjectiv" besteht: die postulirte Zweckmäßigkeit, diese besondre Einheit, darf den Mechanismus der Natursachen in keiner Weise aufheben, wonach jedes Geschehen immer als ein der nothwendige Erfolg der Summe seiner zureichenden Bedingungen in der Erscheinungswelt zu erklären ist. Es ist ja hier unzweifelhaft klar, daß die Möglichkeit der „Glückseligkeit" unter der bewußten Bedingung oder die Zusammenstimmung des Reichs der Natur zum Reich der Sitten nicht erst künftig durch eine gesetzlose Allmachtswillkür hergestellt werden soll, sondern vielmehr gegenwärtig und durchgängig vermöge der eignen Gesetzmäßigkeit der Natur zu Stande kommt. Das Princip der wissenschaftlichen Welterklärung wird nicht beschränkt, sondern ergänzt durch ein jenes in seiner vollen Geltung belassendes Princip der Weltbeurtheilung. Es liegt hier wieder ein deutlicher Beweis vorher, daß die „Glückseligkeit" in einer uns möglichen Beurtheilung des Geschehens besteht und mit dem eudämonistischen „äußeren Wohlergehen" gar nichts zu schaffen hat. Der Ausdruck „subjectiv" findet nun seine Erklärung in der aus der Kr. d. U. bekannten Natur des menschlichen Verstandes als eines discursiven, vermöge deren er sich vorhandene oder, wie hier, geglaubte Zweckmäßig-

4*

teit, (was keinen Unterschied des Grades der Realität bedeutet, sondern nur einen solchen der Vermittlung, indem ja die erstere durch Wahrnehmung, die zweite durch moralische Nothwendigkeit uns gewiß wird), nur als Wirkung eines zwecksetzenden Verstandes, wie wir ihn der Natur nicht zuschreiben können, vorstellig machen kann. Wir verfahren somit nur nach einer subjectiven Maxime unsrer reflectirenden Urtheilskraft, ohne daß wir damit in Ansehung des Objects selbst etwas zu bestimmen uns anmaaßen dürften. Eben so wenig freilich dürfte jemand behaupten, er sei von dieser subjectiven Beschränkung frei und könne sich jene Zusammenstimmung nach einem bloßen Naturlaufe begreiflich machen. Jene Subjectivität ist keine particulare, sondern eine allgemein-menschliche, sie dient wesentlich dazu, um den Wahn einer höheren theoretischen Erkenntniß zurückzuweisen, die die Principien des Erfahrungswissens überfliegen und in ihrer schlechthin allgemeinen Gültigkeit einschränken möchte. Es ließe sich aber denken, daß jemand sich mit der Nothwendigkeit jener objectiv als möglich einzusehenden Zusammenstimmung begnügte, im Uebrigen darauf verzichtete, sie sich begreiflich, ich möchte sagen, anschaulich zu machen. Bei diesem „Schwanken der speculativen Vernunft kommt nun ein moralisches Interesse als Entscheidungs- grund in's Spiel, um den Ausschlag zu geben". Wir (d. h. nicht etwa: wir, diese oder jene besondren Individuen, sondern wir als Menschen überhaupt mit der eigenthümlichen Organisation unsres Ver- standes) können uns theoretisch die Sache gar nicht anders denken; und diese subjectiven Bedingung zu folgen werden wir dadurch veranlaßt, daß allein dies der Moralität zuträglich ist, die „unter einem objectiven Interesse der Vernunft steht", somit wohl ein Recht hat, dies Schwanken zu entscheiden. „Ein freies Interesse (d. h. ein lediglich moralisch bedingtes) der reinen praktischen Vernunft entscheidet für die Annehmung eines weisen Welturhebers. So ist das Princip, das unser Urtheil hierin bestimmt, zwar subjectiv als Bedürfniß, aber auch zugleich als Beförderungsmittel dessen, was objectiv (praktisch nothwendig) ist, der Grund einer Maxime des Fürwahrhaltens in moralischer Absicht, d. i. ein reiner praktischer Vernunftglaube". Worin besteht dieses moralische Interesse, welches den Ausschlag giebt? Wir finden keine directe Antwort in diesem Abschnitt. Es können zwei Gedanken in Frage kommen. Einmal ist die Idee des heiligen Gottes eine regulative Idee, deren Anwendung von der größten praktischen Bedeutung für die Stärkung der moralischen Gesinnung ist. Und zweitens ist es ein unnachsichtliches Bedürfniß, jene Möglichkeit des höchsten Gutes nicht bloß schlechtweg zu postuliren und in dem Bewußtsein, daß es möglich sein müsse, weil es möglich sein solle, seine Ver- wirklichung gleichsam mit zugemachten Augen anzustreben, es ist vielmehr ein unnachsichtliches Bedürfniß, uns diese Möglichkeit irgendwie begreiflich und vorstellig zu machen, wenn das auf dies Ziel sich richtende sittliche Handeln irgendwie Stetigkeit und Sicherheit gewinnen soll. Vorstellbar und begreiflich kann sie uns aber nur werden, bestimmte Gestalt kann dieser Gedanke aber nur bekommen, wenn wir jener subjectiven Bedingung aller menschlichen Natur folgen. Diese beiden Gedanken zusammengenommen und insbesondre der zweite dürften das freie b. i. moralische Interesse ausmachen, welches den Aus- schlag giebt. Ist aber Religion der Schluß aus den Prämissen, die sich aus der Weltstellung des sittlich strebenden, sich als frei beurtheilenden und sich als abhängig wissenden empirischen Menschen ergeben, so wird auch die letzte Prämisse für den definitiven Schlußsatz sich auf die allgemeine Form seiner empirischen Natur gründen dürfen, wenn nur der Inhalt, auf den es ankommt, moralisch bedingt ist. Damit dürfte der folgende Satz zusammenstimmen (289): „dies ist ein Bedürfniß in schlechter- bings nothwendiger Absicht . . . der Rechtschaffene darf wohl sagen: ich will, daß ein Gott u. s. w. sei, ich beharre darauf und lasse mir diesen Glauben nicht nehmen: denn dieses ist das Einzige, wo mein Interesse, weil ich von demselben nichts nachlassen darf, mein Urtheil unvermeidlich bestimmt, ohne auf Vernünfteleien zu achten, so wenig ich auch darauf zu antworten oder ihnen scheinbarere entgegenzustellen im Stande bin möchte".

Die Ueberschrift „Beschränkung der Gültigkeit des moralischen Beweises u. s. w." führt auch § 88 der Kr. d. U. Es wird zunächst die Unmöglichkeit wieder eingeschärft, auf theoretischem Wege die Zweckeinheit der Welt zu erweisen. 430. „Zur objektiven theoretischen Realität des Begriffes von dem Endzweck vernünftiger Wesen wird erfordert, daß nicht allein wir einen uns a priori vorgesetzten Endzweck, sondern daß auch die Schöpfung d. i. die Welt selbst ihrer Existenz nach einen Endzweck habe, welches, wenn es a priori bewiesen werden könnte, zur subjectiven Realität des Endzwecks die objective hinzufügen würde. Denn, hat die Schöpfung überall einen Endzweck, so können wir ihn nicht anders denken, als so, daß er mit dem moralischen (der allein den Begriff von einem Zweck möglich macht) übereinstimmen müße." Das mindeste wäre nun, daß sich dies (431) „wenn gleich nicht apodiktisch für die bestimmende, doch hinreichend für die Maximen der theoretisch-reflectirenden Urtheilskraft" darthun ließe. „Aber auch dieses Wenige ist doch weit mehr, als speculative Philosophie je zu leisten vermag." Endzweck ist bloß ein Begriff der practischen Vernunft und es ist sein Gebrauch von ihm möglich (432) „als lediglich für die praktische Vernunft nach moralischen Gesetzen: und der Endzweck der Schöpfung ist diejenige Beschaffenheit der Welt, die zu dem, was wir allein nach Gesetzen bestimmt angeben können, nämlich dem Endzweck unsrer reinen praktischen Vernunft, und zwar sofern sie praktisch sein soll, übereinstimmt. Nun haben wir durch das moralische Gesetz, welches uns den letzteren auferlegt, in praktischer Absicht, nämlich um unsre Kräfte zur Bewirkung desselben anzuwenden, einen Grund, die Möglichkeit, Ausführbarkeit desselben, mithin auch (weil ohne Beitritt der Natur zu einer in unsrer Gewalt nicht stehenden Bedingung desselben die Bewirkung desselben unmöglich sein würde) eine Natur der Dinge, die dazu übereinstimmt, anzunehmen. Also haben wir „einen moralischen Grund, uns in einer Welt auch einen Endzweck zu denken." (433) „Dieses ist nun noch nicht der Schluß von der moralischen Teleologie auf eine Theologie." Jetzt folgt die Parallele zu den subjectiven Bedingungen, von welchen die Kr. d. pr. V. sprach. „Daß nun zur Existenz der Dinge gemäß einem Endzweck erstlich ein verständiges, aber zweitens nicht bloß ein verständiges, sondern ein zugleich moralisches Wesen als Weltatheber, mithin ein Gott angenommen werden mußte, ist ein zweiter Schluß, welcher so beschaffen ist, daß man sieht, er sei bloß für die Urtheilskraft, nach Begriffen der praktischen Vernunft und als ein solcher für die reflectirende, nicht für die bestimmende Urtheilskraft gefället. Denn wir können uns nicht anmaaßen, einzusehen, daß obzwar in uns die moralisch-praktische Vernunft von der technisch-praktischen ihren Principien nach wesentlich unterschieden ist, in der obersten Weltursache, wenn sie als Intelligenz angenommen wird, es auch so sein müßte, und eine besondre und verschiedne Causalität derselben zum Endzwecke als bloß zu Zwecken der Natur erforderlich sei; daß wir mithin an unserm Endzweck nicht bloß einen moralischen Grund haben, einen Endzweck der Schöpfung als Wirkung, sondern auch ein morali-sches Wesen als Urgrund der Schöpfung anzunehmen." Die Absicht des ganzen § ist offenbar darauf gerichtet, einen Mißbrauch des Postulates der reinen praktischen Vernunft zu Zwecken der profanen Welterkenntniß völlig abzuschneiden. Schon die Annahme eines vernünftigen Weltganzen als seienden ist lediglich moralisch bedingt, und nur für den moralischen Gebrauch, um danach zu handeln, verstattet, unter dieser Bedingung aber auch unbedingt gefordert. Noch viel weniger darf der Schluß auf eine „Theologie" so gemißbraucht werden. Die Näherbestimmung des intelligiblen Substrates der Welteinheit geschieht nicht aus theoretischen, sondern aus moralischen Gründen und vollzieht sich mit Mitteln der theoretischen Vernunft, die auf theoretischem Felde kein bestimmendes Princip der besonderen Gesetze, sondern eine bloße Maxime zur Auffindung derselben abgeben. Wir können uns nicht anmaaßen, das obige einzusehen, d. h. als Erkenntniß des Wesens der Natur auszugeben, weil wir das Ansich, das metaphysische Wesen des der Natur zu Grunde liegenden Uebersinnlichen theoretisch nicht erkennen, mit der bestimmenden Urtheilskraft nicht ergründen können. Es fehlt unsrer theoretischen Vernunft an allen Mitteln dazu, weil unser Verstand der Anschauung bedarf, um entsprechend aufzutreten, die Anschauung ihm aber hier grade ausgeht. Es wäre das obendrein eine von den Datis der praktischen Vernunft aus gewonnene Erkenntniß der obersten Weltursache an sich, die uns gänzlich nutzlos wäre, wenn wir nicht die Natur danach erklären könnten, eine Erklärung, die die Principien der Naturerklärung wiederum aufheben würde. Theoretisch unvollziehbar, zur „perversa" und „ignava ratio" gradezu verführend, praktisch überflüssig, wäre diese Anwendung der Begriffe von Verstand und Wille auf die Welturssache. (434.) „Wohl aber können wir sagen, daß, nach der Beschaffenheit unseres Vernunftvermögens wir uns die Möglichkeit einer solchen auf das moralische Gesetz bezognen Zweckmäßigkeit, als in diesem Endzwecke ist, ohne einen Welturheber und Regierer, der zugleich moralischer

Gesetzgeber ist, gar nicht begreiflich machen können." „Wir können diese Eigenschaften aber nur nach der Analogie denken, Gott nicht danach erkennen und sie ihm theoretisch beilegen; die Absicht ihres Gebrauches ist auch nicht seine für uns unerreichbare Natur, sondern uns selbst und unsern Willen danach bestimmen zu wollen." Das Ansich Gottes kann uns gleichgiltig sein, darauf kommt es an, das, was er für uns ist, in Begriffen zu fixiren, die uns die Bestimmung unsres Willens nach diesem Maaß- stabe möglich machen. Durch diese eingeschränkte Beziehung wird die Inadaequatheit, die der Analogie anhaftet, die diesen Begriffen ankleben würde, wollten wir sie theoretisch vollziehen und nach allen ihren Consequenzen ausdenken, eliminirt, so daß mithin der Gedanke, daß wir analogisch verfahren, in dem Gebrauche, auf den es uns ankommt, das Recht und die Allgemeingültigkeit der begrifflichen Verknüpfung nicht einschränkt. 436. 437. 438. „So wie wir eine Ursache nach dem Begriffe, den wir von der Wir- kung haben (aber nur in Ansehung ihrer Relation zu dieser) benennen, ohne darum die innere Beschaf- fenheit derselben durch die Eigenschaften, die uns von dergleichen Ursachen einzig und allein bekannt und durch Erfahrung gegeben werden müssen, innerlich bestimmen zu wollen: eben so werden wir Etwas, das den Grund der Möglichkeit und der praktischen Realität d. i. der Ausführbarkeit eines nothwendigen moralischen Endzwecks enthält, annehmen müssen; dieses aber, nach Beschaffenheit der von ihm erwarteten Wirkung, uns als ein weises nach moralischen Gesetzen die Welt beherrschendes Wesen denken können, und der Beschaffenheit unsrer Erkenntnißvermögen gemäß als von der Natur unterschiedne Ursache der Dinge denken müssen, um nur das Verhältniß dieses alle unsere Erkenntnißvermögen übersteigenden Wesens zum Objecte unsrer praktischen Ver- nunft auszudrücken: ohne doch dadurch die einzige uns bekannte Causalität dieser Art, nämlich einen Verstand und Willen, ihm darum theoretisch beilegen, ja selbst auch nur die an ihm gedachte Causalität in Ansehung dessen, was für uns Endzweck ist, als in diesem Wesen selbst von der Causa- lität in Ansehung der Natur (und deren Zweckbestimmungen überhaupt) objectiv unterscheiden zu wollen, sondern diesen Unterschied nur als subjectiv nothwendig für die Beschaffenheit unseres Erkenntnißvermögens und gültig für die reflectirende, nicht für die objectio bestimmende Urtheils- kraft annehmen können. Wenn es aber auf das Praktische ankommt, so ist ein solches regu- latives Prinzip für die Klugheit oder Weisheit dem, was nach Beschaffenheit unsrer Erkenntniß- vermögen von uns auf gewisse Weise allein als möglich gedacht werden kann, als Zwecke gemäß zu handeln, zugleich constitutiv, d. i. praktisch bestimmend; indeß eben dasselbe, als Princip, die objec- tive Möglichkeit der Dinge zu beurtheilen, keineswegs theoretisch-bestimmend, (daß nämlich auch dem Objecte die einzige Art der Möglichkeit zukomme, die unserm Vermögen zu denken zukommt), sondern ein bloß regulatives Princip für die reflectirende Urtheilskraft ist."

Noch deutlicher fast als in der Kr. d. pr. V. tritt hier in voller Uebereinstimmung mit der Kr. d. r. V. das Resultat heraus, daß das Merkmal „subjectiv" den Zweck hat, eine Theosophie unmöglich zu machen, aber nicht den, den Rechtsgrund der Verknüpfung der betreffenden, im praktischen Leben thatsächlich verbundenen Begriffe einzuschränken und so auch eine Theologie unmöglich zu machen, zu der der Nachweis der psychologischen Gesetzmäßigkeit solcher Verbindung nie genügen kann. Im praktischen Gebrauch kommt den Postulaten apodiktische Gewißheit zu. Wir müssen den intelligiblen Urgrund als Gott denken, um nur das Verhältniß dieses alle unsere Erkenntnißvermögen übersteigenden Wesens zum Object unserer praktischen Vernunft auszudrücken; ein solcher „Ausdruck" ist aber ein moralisches Bedürfniß.

Es ist noch kurz die Frage nach dem religiösen Werth, den der Beweis in dieser Fassung hat, zu berühren. Ist es denn wirklich, religiös angesehen, so ungenügend, ist es so entwürdigend für die Religion, wenn Kant die Moral zu ihr führen läßt und Religion definirt als Betrachtung der Pflichten als gött- licher Gebote? Es handelt sich hier nicht um eine Sanktion durch Drohung oder Verheißung, das wird ausdrücklich ausgeschlossen, auch nicht um die Verstärkung der moralischen Triebfeder durch die regulative Idee des heiligen Gottes, eine Idee, deren bedeutsame Wirkung oft genug von Kant hervorgehoben wird, womit aber über das Dasein dieser Idee gar nichts ausgemacht ist. Die Definition hat genau denselben Sinn, wie wenn Kant sagt (R. i. d. Gr. S. IX.) „Moral also führt unumgänglich zur Religion, wodurch sie sich zur Idee eines machthabenden moralischen Gesetzgebers außer dem Menschen erweitert, in dessen Willen dasjenige Endzweck der Weltschöpfung ist, was zugleich der Endzweck des Menschen sein kann und soll." Es mischt nun bei der Auffassung der Kant'schen Freiheitslehre sich häufig der Irrthum ein, als ob dieselbe dem Menschen eine pelagianische Selbständigkeit Gott gegenüber einräume. Wir können hier auf die Lehre von der intelligiblen Freiheit nicht näher eingehen. Es läßt sich wohl auch ohnehin die bezügliche Anschauung Kants verdeutlichen. Man muß sich zunächst gegenwärtig halten, daß Kant durch seinen Beweis nicht Religion hervorbringen, nicht bisher Unverbundnes erst verbinden will, ebenso wenig wie er durch seine Exposition des Sittengesetzes mehr will, als dasselbe formuliren. Er wiederholt mehrfach die Erklärung, daß, was er bezüglich Sittlichkeit und Religion deducire, „in dieser wunderjamen Religion", der christlichen nämlich, bereits vorliege. Er will nur den gesetzmäßigen und nothwendigen Zusammenhang dessen darthun, was in der vorhandnen Relion thatsächlich zusammengefaßt wird: es ist ja die Aufgabe aller Wissenschaft nur die, für thatsächliches Zusammensein den Rechtsgrund der Zusammengehörigkeit aufzuzeigen. Nun sind die Prämissen des Kantischen Beweises dieselben, wie die mehr und mehr als die faktischen der Religion anerkannten, das Bewußtsein der geistigen, näher sittlichen Persönlichkeit von ihrem Werthe und die damit in Widerspruch stehende Abhängigkeit derselben als Welt- oder Sinnenwesen von dem gesetzmäßigen Zusammenhang der Naturwelt, eine Abhängigkeit, die ihre Gesammtexistenz wie die einzelnen Bedingungen ihrer Zwecke und den Erfolg ihres Handelns umfaßt, eine Abhängigkeit von Gesetzen, die, für ihr Verständniß, gegen ihren Werth und gegen den Werth der von ihr verfolgten Zwecke gleichgiltig ist. Dieser Conflict wird gelöst durch die Idee Gottes, dessen Zweck mit dem unsrigen übereinstimmt und der als Urheber der Natur die Zweckmäßigkeit derselben für unsre Zwecke verbürgt. Die Form des religiösen Bewußtseins, das Bewußtsein der Abhängigkeit von Gott, ist auch in dieser Weltanschauung durchaus nothwendig, da wir mit unsrer Existenz, mit all' unserm Thun, mit den Bedingungen und dem Erfolg desselben zu der von ihm abhängigen Naturwelt als Theile gehören. Diese Abhängigkeit gewährt uns aber grade diejenige Freiheit von der Welt, diejenige Erhebung über die Abhängigkeit von ihr, welche wir bedürfen, um nicht durch das Gefühl der Zwecklosigkeit unsres Seins und Thuns die Kraft der Erfüllung der sittlichen Aufgabe zu verlieren. In der Abhängigkeit von Gott haben wir vielmehr die Kraft zur Erreichung unsres persönlichen Selbstzweckes. Und es wird von Kant nicht nur etwas thatsächlich miteinander Verbundnes constatirt, es wird vielmehr gezeigt, daß ohne diese Verbindung jener Zweck nicht erreicht werden kann, unser persönliches Selbstgefühl sich als Täuschung erweist, unser Leben sich in einem unlösbaren Widerspruch verzehrt. So ist allerdings unser ganzes Sein und Thun vom Bewußtsein der Abhängigkeit von Gott umfaßt, auch nach Kant. Aber das Gleiche scheint nicht möglich für das im engsten Sinne sittliche Leben, für das Verhältniß unsres Willens zu dem obersten Zweck in Allgemeinen und im Einzelnen. Die praktische Vernunft giebt sich ja das moralische Gesetz autonom und der Wille handelt frei und selbständig danach, ist, sofern er unter dem moralischen Gesetze steht, frei in einer intelligiblen Welt. Ohne diese Frage bis zur Lösung zu verfolgen, läßt sich doch darauf hinweisen, daß für die christliche Religion (und dessen ist Kant sich sehr wohl bewußt) genau das Gleiche gilt. Dem christlichen Sittengesetz ordnet sich niemand moralisch unter, der es als gültig anerkennt, weil der allmächtige Gott es gegeben, weil es Satzung göttlicher Willkür wäre. Es gilt auch hier, frei, autonom, um seines unbedingten Werthes willen es anzuerkennen als das Gesetz unsres Wesens, unsrer Vernunft. Denn die Frage, unter welchen besondern Bedingungen der Geschichte oder des Lebens den Einzelnen es zur Erkenntniß desselben komme, liegt völlig außerhalb, nicht etwa des Gesichtskreises von Kant, („daß alle unsre Erkenntniß von der Erfahrung anhebe, darüber ist gar kein Zweifel", er will nur eine neue Formel des Sittengesetzes aufstellen) wohl aber außerhalb seiner Absicht und Methode, die auf die Entdeckung, nicht des Ursprungs, sondern des Rechtsgrundes der Begriffe ausgeht. Und zweitens. Das einzelne sittliche Wollen trägt auch im Christenthum das Gepräge der Freiheit. Das Problem, wie das sittliche Leben in diesen beiden Beziehungen von dem Bewußtsein der Abhängigkeit umfaßt und getragen werden könne, ist hier und dort ganz das gleiche. Ist es in der Religion lösbar, so auch im Zusammenhange der Kantischen Gedanken. Nur natürlich aber ist es bei seinem Ausgangspunkte, der sein gutes Recht hat, der für die Philosophie der einzig mögliche ist, daß die Freiheit eine vorwiegende Betonung erhält.

Nun gilt bei Kant freilich diese Annahme nur subjectiv, zu praktischem Behuf. Ist es denn in der Religion anders? Für den, der „den praktischen Behuf" von der Hand weist, oder außerhalb dieses praktischen Behufs, außerhalb des Strebens nach der Erfüllung der mit der ethischen Menschen= würde gegebnen Aufgaben existirt ja der Conflict gar nicht, dessen Lösung die Annahme des Daseins Gottes ist. Die synthetischen Grundsätze, die eine Erfahrung möglich machen, bedürfen derselben nicht und für das Streben der empirischen Forschung nach Einheit genügt der regulative Leitfaden der Idee eines verständigen Urhebers der Natur, dessen Dasein man nicht annehmen braucht, von dessen Wirk= samkeit man sich keine unsre Kenntniß erweiternde Vorstellung machen könnte, und an den, wenn er da wäre, um dieser Eigenschaft willen den Namen der Gottheit zu verschwenden man noch keine Ursache hätte. Auch für die Theologie scheint mir mit der Einschränkung auf den praktischen Behuf die Möglichkeit nicht abgeschnitten, diesen Beweis zur Grundlage des Ganzen nothwendig zusammenhängender Vor= stellungen zu machen, das sie herzustellen sich bestrebt. Es ist ein Netz nothwendig — d. h. für die, welche die Idee des Reiches als Zwecke als für sich gültig anerkennen, allgemeingültig — zusammen= hängender Gedanken hergestellt: in dem Maaße, als sich zeigen läßt, daß die empirischen und besondren Bedingungen, mit denen dieser allgemeine Gottesgedanke in der christlichen Religion thatsächlich verbunden ist, nothwendig sind, um seine praktische Gültigkeit und Anwendbarkeit zu sichern, wird die Summe der die christliche Religion constituirenden Vorstellungen als ein in sich nothwendig zusammenhängendes Ganzes dargestellt. Es wäre das freilich unmöglich, wenn er sich nicht mit der organisirenden Grund= anschauung der christlichen Religion im Wesentlichen deckte.

Freilich unwiderlegt und unwiderleglich wird trotz aller Nachweisungen eines tieferen Sinnes und eines wetteren Zusammenhanges der Vorwurf bleiben: „Anhängsel an die Moral". Daß der Ein= zelne nach Kants Sinne nicht Schritt für Schritt auf dem Wege der Kantischen Deduction zum Glauben an Gott zu kommen braucht, daß ebenso wenig nach Kant die christliche Religion durch Einsicht in solchen Beweis entstanden ist, darf wohl als sicher gelten. Aber man will auch für die wissenschaftliche Einsicht in die Wahrheit der Lehren der Religion einen höheren und würdigeren Grund haben als die Moral! Und der wäre? Für die einen eine fragwürdige Erkenntniß des Unbedingten, das dem physisch Bedingten, dem gegebnen Dasein zu Grunde liegt, für die andern der glückliche Umstand, daß bei der exacten psychologischen Analyse der religiösen Phänomene, in denen der Fromme in mystischer Weise Gott in sich wirkend erlebt, doch noch ein unerklärter Rest bleibt, der es verhindert, sie als Illusion zu entlarven. Religiös und wissenschaftlich angesehen dürfte doch das Unbedingte, das uns in der Moral in einzigartiger Würde und unantastbarer Gewißheit entgegentritt, ein besseres Fundament abgeben. —

Schulnachrichten.

I.
Unterrichtsverfassung. Alumnat. Singchor. Bücherprämien.

1) Uebersicht der in den einzelnen Klassen während des Schuljahres 1877/78 absolvirten Pensa.

Der Lehrgang ist in der zweiten Vorbereitungsklasse zweijährig (2 Abtheilungen), in der ersten und in den drei unteren Gymnasialklassen einjährig, in den drei oberen Klassen zweijährig. Die Quarta ist in zwei parallele Cötus mit gleichen Pensen getheilt.

Religionslehre.

2. Vorbereitungsklasse 3 St. L. Schulze. Eine Auswahl biblischer Geschichten Alten und Neuen Testaments wurde in kindlicher Weise erzählt und darauf angeeignet. Passende Bibelsprüche, Gesangbuchverse, Gebete und die 5 ersten Gebote wurden an geeigneten Stellen eingelegt.

1. Vorbereitungsklasse 4 St. L. Nieschke. Eine Auswahl biblischer Geschichten des Alten und Neuen Testaments. In Verbindung damit Memoriren von (20) ausgewählten Bibelsprüchen und (4) evangelischen Kirchenliedern; außerdem wurden Morgen- Tisch- und Abendgebete, das Vaterunser und die Gebote vollständig memorirt.

Sexta 3 St. Hülfsl. Selvers. Biblische Geschichte des Alten Testaments. Memoriren von Bibelsprüchen, Kirchen-liedern und des ersten Hauptstücks des kleinen Katechismus.

Quinta 3 St. Hülfsl. Selvers. Biblische Geschichte des Neuen Testaments. Memoriren von Bibelsprüchen, Kirchenliedern und des zweiten und dritten Hauptstücks. Repetition des ersten Hauptstücks und der in Sexta memorirten Kirchenlieder.

Quarta (beide Cötus comb.) 2 St. Hülfsl. Selvers. Erklärung des ersten Hauptstücks und des Ev. St. Johannis. Memoriren von Kirchenliedern und des vierten und fünften Hauptstücks. Repetition der drei ersten Hauptstücke und der in Sexta und Quinta memorirten Kirchenlieder.

Unter-Tertia 2 St. Ord. L. Michael. Eingehende Erklärung des ganzen Katechismus, wobei neben Wiederholung der früheren Sprüche 30 neue gelernt wurden. Sodann wurden ausgewählte Abschnitte aus den historischen Büchern des Alten Testaments gelesen und erklärt. Die Uebersicht des Kirchenjahres ist in jedem Semester wiederholt, außerdem sind 3 Psalmen und 6 Kirchenlieder neu gelernt, die früher gelernten Kirchenlieder wiederholt worden.

Ober-Tertia 2 St. Ord. L. Michael. Wiederholung des gesammten Katechismus mit Bibelsprüchen, sowie der Kirchenlieder und der Uebersicht des Kirchenjahres. Außerdem wurden 3 Psalmen neu gelernt und die Apostelgeschichte gelesen und eingehend erklärt.

Unter- und Ober-Secunda (comb.) 2 St. Oberl. Gottschid. Im Sommer apostolisches Zeitalter nach Hollen-berg IV., im Winter Kirchengeschichte bis zur Reformation nach Hollenberg V. Repetition von Kirchenliedern.

Prima 2 St. Oberl. Gottschid. Im Sommer Römerbrief, im Winter christliche Heilslehre. Repetition von Kirchenliedern.

Deutsche Sprache.

2. Vorbereitungsklasse 9 St. L. Schulze. II. Abtheilung: Durcharbeitung des Lesebuches von Warmbolz und Kurths. I. Abtheilung: Paulsiek's Lesebuch I. Abtheilung gelesen, Unverständliches erklärt, Einiges memorirt. Wöchentlich ein Dictat und eine schriftliche Arbeit.

1. Vorbereitungsklasse 7 St. L. Nieschke. Uebungen im Lesen nach Hopf und Paulsiek II. Abtheilung mit besonderer Berücksichtigung der Interpunktion, der deutschen Aussprache und richtigen Betonung. Erklären und Wiedererzählen des Gelesenen. Memoriren kleiner Gedichte und Uebungen im Recitiren des Memorirten.

5

Der einfache Satz und seine Theile. Die Wortarten. Declination, Comparation und Conjugation. Dictate und Abschriften behufs Einübung der Orthographie, Correctur der wöchentlichen schriftlichen Arbeiten.

Sexta 2 St. Hülfsl. Koch. Aus Hopf und Paulsiek I, 1 wurden ausgewählte Stücke gelesen, besprochen und nacherzählt, Gedichte memorirt und vorgetragen. Der grammatische Unterricht erstreckte sich namentlich auf Rede- und Satztheile, Casuslehre, Präpositionen und Satzlehre; derselbe wurde in der Regel ertheilt bei Besprechung der wöchentlich zur Correctur abgelieferten schriftlichen Arbeiten (Dictate und selbständige Reproductionen von kurzen Erzählungen und memorirten Gedichten).

Quinta 2 St. Ord. L. Kleinschmidt. Lesen ausgewählter Stücke nach Hopf und Paulsiek I, 2 mit den nöthigen Wort- und Sacherklärungen. Uebungen im Nacherzählen des Gelesenen. Die grammatische Belehrung erstreckte sich hauptsächlich auf Satzbildung (leichtere zusammengesetzte Sätze) unter Repetition der Casus- und Präpositionslehre. Schriftliche Arbeiten (alle acht Tage zur Correctur des Lehrers): Dictate und Aufschreiben auswendig gelernter Stücke zur Befestigung der Orthographie — selbstgebildete zusammengesetzte Sätze leichterer Art nach Maßgabe der gegebenen Anleitung — kleine Aufsätze, welche sich auf Nacherzählen von Gelesenem oder Vorgetragenem und auf prosaische Darstellung von gelesenen oder vorgetragenen Gedichten beschränkten. Die für die Klasse bestimmten Gedichte wurden erklärt, memorirt und vorgetragen.

Quarta 2 St. Im 1. Cöt. ord. L. Dr. Taubert, im 2. Cöt. Hülfsl. Selvers. Aus Hopf und Paulsiek I, 3 wurden ausgewählte Stücke gelesen und erklärt. Die für die Klasse bestimmten Gedichte wurden erklärt, auswendig gelernt und vorgetragen, einige Male auch Gedichte eigener Wahl. Die grammatische Belehrung bezog sich besonders auf den zusammengesetzten Satz und die Interpunktion und wurde theils abgesondert gegeben, theils im Anschlusse an die Lectüre und die Correctur der schriftlichen Arbeiten. Die Themata zu den schriftlichen Arbeiten (alle 14 Tage zur Correctur des Lehrers) waren stets dem Anschauungskreise der Schüler entnommen.

Unter-Tertia 2 St. Ord. L. Michael. Aus Hopf und Paulsiek II, 1 wurden ausgewählte Stücke gelesen und erklärt. Eine Anzahl Gedichte wurde erklärt, memorirt und vorgetragen. Gegenstand der grammatischen Belehrung waren besonders die mannigfachen Formen des zusammengesetzten Satzes und der Periodenbau. Alle 3 Wochen eine schriftliche Arbeit zur Correctur.

Ober-Tertia 2 St. Oberl. Eberhardt. Aus Hopf und Paulsiek II, 1 wurden ausgewählte Stücke gelesen, sowohl poetische als prosaische, gelesen und erklärt. Bei den ersteren ward neben dem Inhalte das Hauptgewicht auf die Erkenntniß des Unterschiedes der verschiedenen Dichtungsgattungen, bei den letzteren auf das Verhältniß der Disposition gelegt. Die für die Klasse bestimmten Gedichte wurden gelernt und vorgetragen. Alle 4 Wochen ein Aufsatz zur Correctur.

Unter-Secunda 2 St. Ord. L. Hertel. Die Hauptlehren der Metrik und Poetik wurden bei der Lectüre entsprechender Stücke aus Hopf und Paulsiek II, 2 erläutert. Die für die Klasse bestimmten Gedichte wurden memorirt und vorgetragen. Die Hauptpunkte der Dispositionslehre im Anschluß an die gegebenen Aufsatz-Themata. Alle 4 Wochen ein Aufsatz zur Correctur.

Ober-Secunda 2 St. Oberl. Eberhardt. Einführung in die mittelhochdeutsche Poesie. Die im Lesebuche von Hopf und Paulsiek II, 2 enthaltenen mittelhochdeutschen Stücke wurden zum Theil in der Klasse gelesen, erklärt und memorirt, dabei Einübung des Wichtigsten aus der mhd. Laut- und Formenlehre. Besprechung und Correctur von Aufsätzen. Dispositirübungen. 10 Aufsätze.

Prima 3 St. Oberl. Gottschick. Im Sommer Literaturgeschichte (Goethe und Schiller). Eingehend wurden Tasso und Iphigenie besprochen. Im Winter Psychologie. Dispositionsübungen. Vorträge über literaturgeschichtliche Themata. Zur Correctur geliefert wurden 8 Aufsätze.

Lateinische Sprache.

Sexta 10 St. Hülfsl. Koch. Die Declinationen nebst den Genusregeln, die Comparation, die Zahlwörter und Pronomina, sum, die regelmäßigen Conjugationen, die Präpositionen, die Bildung der Adverbia, Einzelnes aus der Casuslehre und die gebräuchlichsten Conjunctionen wurden nach der Grammatik von Ellendt-Seyffert gelernt und eingeübt. Mündlich wurden aus Tell's Lat. Lesebuch und aus Haacke's Aufgaben I. Th. die dem jedesmaligen grammatischen Pensum entsprechenden Stücke mit geraden Zahlen übersetzt. Wöchentlich ein Extemporale (resp. Scriptum) zur Correctur.

Quinta 10 St. Ord. L. Kleinschmidt. Repetirt wurde der in der Sexta erlernte Theil der Formenlehre. Dazu kam die Einübung der verba defectiva und anomala und der unregelmäßigen Perfecta und Supinstämme in sämmtlichen 4 Conjugationen, aus der Syntax die Uebereinstimmung von Subj. und Prädikat, die leichteren Fälle der Casusrection, der Participialconstructionen (besonders ablat. absol.) und der Uebersetzung des deutschen daß (acc. cum inf.) nach der Grammatik von Ellendt-Seyffert. Mündlich wurden übersetzt die

entsprechenden Stücke aus Tell's Lesebuch und aus Haade's Aufgaben (1. Th. XI—XXIII die Sätze mit
geraden Zahlen). Vokabellernen nach Bonnell's Vokabular. Alle acht Tage ein Exercitium oder Extemporale
zur Correctur.

Quarta 10 St. Im 1. Cöt. ord. L. Dr. Taubert, im 2. Cöt. Hülfsl. Selvers 8 St. (Grammatik und Prosa),
ord. L. Kleinschmidt 2 St. (Dichter). Repetition der Formenlehre. Wiederholung und Erweiterung der
Casuslehre. Außerdem wurden die Hauptregeln aus der Tempus- und Moduslehre, sowie aus der Lehre vom
Inf., Particip., Gerund. und Sup. nach der Grammatik von Ellendt-Seyffert durchgenommen und durch theils
mündliches, theils schriftliches Uebersetzen der entsprechenden Stücke aus Haade's Aufgaben 2. Th. eingeübt.
Prof. Lectüre: Corn. Nepos. Poet. Lectüre: Tirocinium poeticum von Siebelis. Daneben Unterweisung in
der Prosodie und Einübung des Hexameters durch eigene Versuche der Schüler in Herstellung verschter
Verse. Wöchentlich eine schriftliche Arbeit zur Correctur.

Unter-Tertia 10 St. Ord. L. Michael. Von Zeit zu Zeit Repetition der unregelmäßigen Nominal- und
Verbalflexion; aus der Syntax wurde die Lehre von den Casus, Modi und der obliquen Rede genauer
behandelt. Daneben mündliches Uebersetzen aus dem Deutschen in's Lateinische nach Haade's Aufgaben 2. Th.
Prof. Lectüre: Caes. bell. gall. I—IV. Poet. Lectüre: Ovid. Metam. (Auswahl nach Siebelis, 1. Hälfte) nebst
Befestigung in der Prosodie und Einübung des daktyl. Distichons durch eigene Versuche der Schüler. Alle
8 Tage ein Exercitium oder Extemporale zur Correctur.

Ober-Tertia 10 St. Oberl. Eberhardt. Kurze Wiederholung der Casuslehre, eingehendere Behandlung der
Tempus- und Moduslehre, der Lehre vom Inf., Gerund. und Particip. nach der Grammatik von Ellendt-
Seyffert; daneben mündliches Uebersetzen aus dem Deutschen in's Lateinische nach Haade's Aufgaben 3 Th.
Prof. Lectüre: Caes. bell. gall. V—VII Bell. civ. 1. Poet. Lectüre: Ovid. Metam. Stück 13, 14, 18, 19, 28—31.
(Auswahl von Siebelis). Uebungen im Versbau. Alle 8 Tage ein Exercitium oder Extemporale zur Correctur.

Unter-Secunda. Oberl. Gottschid 8 St. (Grammatik und Prosa), ord. L. Hertel 2 St. (Dichter). Ergänzende
Repetition der Syntax nach Ellendt-Seyffert; daneben mündliches Uebersetzen aus dem Deutschen in's Lateinische
nach Haade's Aufgaben 3. Th. Gelesen wurde Cic. pro Roscio Am. Liv. XXI. Cic. pro Ligario, pro
Dejotaro. Lesestücke aus Seyffert's Sammlung (Ovid.), Virg. Aen. I und II mit Auswahl. Wöchentlich ein
Extemporale oder Exercitium zur Correctur.

Ober-Secunda 10 St. Der Director 2 St. (Grammatik und Stil), Oberl. Dr. Knabe 8 St. Repetition der
Syntax und leichtere Punkte der Stilistik nebst Uebungen im mündlichen Uebersetzen aus dem Deutsche in's
Lateinische. Gelesen wurde Virg. Aen. VII, 1—640, VIII, 370—453 und 607 bis zu Ende, IX, 224—419,
X, 1—117, 961 bis zu Ende, XI, 531—867. Ecl. I, IV, IX. Auswahl aus Seyffert's Lesestücken. Liv. XXII.
Sall. Cat. Cic. pro Sestio und Cato maj. Wöchentlich ein Exercitium oder Extemporale, vierteljährlich ein
Aufsatz zur Correctur.

Prima 6 St. Der Director. Repetition einzelner Theile der Grammatik, Hauptlehren der Stilistik (mit Benutzung
von Haade's Lat. Stilistik) und Uebungen im mündlichen Uebersetzen aus dem Deutschen in's Lateinische (zum
Theil nach Seyffert's Materialien). Besprechung und Correctur der Aufsätze. Gelesen wurde Cic. de nat.
deor. I nebst Auswahl aus II und III. de offic. I nebst Auswahl aus II und III. Tac. Germ. c. 1—28.
Hor. Od. II, III, IV nebst einigen Satiren. Die Schüler haben 10 Aufsätze und alle 14 Tage eine kleinere
schriftliche Arbeit zur Correctur geliefert.

Griechische Sprache.

Quarta 6 St. Im 1. Cöt. ord. L. Hertel, im 2. Cöt. ord. L. Kleinschmidt. Regelmäßige und unregelmäßige
Declination nebst Genusregeln, Comparation der Adjectiva, Zahlwörter, Pronomina, είμί und Verba auf ω,
Bildung der Adverbia, die gangbarsten Conjunctionen nach Koch's Schulgrammatik. Dazu mündliches Uebersetzen der entsprechenden Abschnitte aus Gottschid's Lesebuch (z. Th. auch schriftlich) aus Dihle's Materialien. Alle 8 Tage eine schriftliche Arbeit zur Correctur.

Unter-Tertia 6 St. Ord. L. Michael 4 St. (Grammatik und Prosa), Hülfsl. Koch 2 St. (Dichter). Wiederholung des Pensums von Quarta, darauf Einübung der Verba auf μι und der anomala. Daneben mündliches
Uebersetzen der dem grammatischen Pensum entsprechenden Beispiele aus Dihle's Materialien nebst den An-
fängen der Syntax. Gelesen wurde Xenoph. Anab. I—III mit Auswahl, Hom. Odyss. Buch I. Wöchentlich
ein Exercitium oder Extemporale zur Correctur.

Ober-Tertia 6 St. Ord. L. Hertel. Wiederholung verschiedener Abschnitte aus der Formenlehre, besonders der
Verba auf μι, ferner Einübung der verba anomala. Daneben mündliches Uebersetzen aus Dihle's Materialien,
wobei die wichtigsten syntaktischen Regeln eingeübt wurden. Gelesen wurde Xenoph. Anab. IV—VII mit
Auswahl, Hom. Odyss. IV—VI. Wöchentlich eine schriftliche Arbeit zur Correctur.

Unter-Secunda 6 St. Oberl. Eberhardt. Wiederholung verschiedener Abschnitte aus der Formenlehre, vorzugsweise der unregelmäßigen Verba, eingehende Behandlung der Syntax des Nomens und mündliches Uebersetzen

5*

aus dem Deutschen in's Griechische nach Dible's Materialien 2. Th. Gelesen wurde Hom. Od. IX—XVII. Xenoph. Hell lib. 3 und 4 cap. 1—5. Lysias or. XII und XXV. Alle 14 Tage ein Exercitium oder Extemporale zur Correctur.

Ober-Secunda 6 St. Oberl. Gottschid 4 St. (Grammatik und Prosa), Hülfsl. Selvers 2 St. (Dichter). Wiederholung der Casuslehre. Syntax des Verbums. Mündliches Uebersetzen aus dem Deutschen in's Griechische nach Haacke's Materialien. Gelesen wurde Hom. Od. VII—XII. Isocratis Panegyricus, Herodot VIII cp. 1—100, Lysias adv. Erat. Alle 14 Tage ein Exercitium oder Extemporale zur Correctur.

Prima. Der Director 2 St. (Dichter), Oberl. Kn'abe 4 St. Repetition der Grammatik nebst Uebungen im mündlichen Uebersetzen aus dem Deutschen in's Griechische nach Haade's Materialien. Gelesen wurde Hom. Jl. XII—XX, Sophocl. Antig. (1. Hälfte). Demosth. Phil. 1—6. 8. 3 (1—46) Thucyd. VI (ohne 54—59 und 76—87). VII (1. Hälfte). Alle 14 Tage ein Exercitium oder Extemporale zur Correctur.

Französische Sprache.

Quinta 3 St. Hülfsl. Gumprecht. Plötz: Elementarbuch, Abschnitt I—III. Alle 14 Tage ein Exemporale zur Correctur.

Quarta 2 St. Im 1. Cöt. ordl. L. Kleinschmidt, im 2. Cöt. Hülfsl. Selvers. Bildung der Formen der regelmäßigen Conjugation, persönliche Fürwörter, reflexive Verba, Veränderung des Participe passé nach Plötz Elementarbuch Lection 50—65. Lectüre ausgewählter Stüde aus dem Lesebuche. Alle 14 Tagen ein Extemporale oder Exercitium zur Correctur.

Unter-Tertia 2 St. Ord. L. Dr. Taubert. Aus der Schulgrammatik von Plötz wurden die zwei ersten Abschnitte der methodischen Grammatik, Lection 1—22 (Uebungen über die regelmäßige Conjugation, orthographische Eigenthümlichkeiten einiger regelmäßigen Verba und die unregelmäßigen Verba) durchgenommen und mündlich und schriftlich eingeübt. Lectüre aus Lectures choisies von Plötz: Anecdotes, Récits historiques (einzelne Abschnitte wurden auswendig gelernt). Alle 14 Tage ein Exercitium oder Extemporale zur Correctur.

Ober-Tertia 2 St. Hülfsl. Koch. Repetition des Cursus von Unter-Tertia, besonders der unregelmäßigen Verba, nach der Schulgrammatik von Plötz. Darauf wurden die Abschnitte 3, 4, 5 (Anwendung von avoir und être; reflexive und unpersönliche Verba; Formenlehre des Substantivs, Adjectivs; Zahlwörter, Präpositionen; Wortstellung) mündlich und schriftlich eingeübt. Lectüre aus Plötz' Lectures choisies (récits historiques). Alle 14 Tage ein Exercitium oder Extemporale zur Correctur.

Unter-Secunda 2 St. Hülfsl. Koch. Aus der Grammatik von Plötz wurden die Abschnitte 3, 4, 5 repetirt und an dem vorhandenen Uebungsmaterial eingeübt; darauf mündliche und schriftliche Einübung der Abschnitte 6 und 7 (Zeiten und Moden, Syntax des Artikels, Adjectivs und Adverbs) — Lectüre aus Göbel's Bibliothek: Histoire de la première croisade, par Michaud. Alle 14 Tage ein Exercitium oder Extemporale zur Correctur.

Ober-Secunda 2 St. Hülfsl. Koch. Das Pensum der Unter-Secunda wurde wiederholt; darauf wurden die Abschnitte 8 und 9 (Pronomina, Casus der Verba, Infinitiv und Conjunctionen) mündlich und schriftlich eingeübt. Lectüre aus Herrig's La France littéraire (sprach- und litteraturgeschichtliche Einleitung). Alle 14 Tage ein Exercitium oder Extemporale zur Correctur.

Prima 2 St. Hülfsl. Koch. Eingehende Repetition auf dem ganzen Gebiete der Grammatik, mit mündlicher Uebersetzung eines großen Theiles der vorhandenen Uebungsstüde. Lectüre (mit vereinzelten Sprechübungen) aus der Göbel'schen Bibliothek: Athalie, par Racine (Act II—Ende). Alle 14 Tage ein Exercitium oder Extemporale zur Correctur.

Geschichte und Geographie.

1 Vorbereitungsklasse 2 St. L. Rieschle. Geographische Grundbegriffe, Lage und nächste Umgebung Torgau's, Veranschaulichung der Erdgestalt am Globus und Planiglobium, Eintheilung der Länder und Meere, die bedeutendsten Gebirge, Flüsse und Städte Europa's.

Sexta 2 St. Hülfsl. Gumprecht. Elemente der mathematischen Geographie. Uebersicht der fünf Erdtheile. Nach Daniel's Leitfaden.

Quinta 2 St. Hülfsl. Gumprecht. Repetition und Erweiterung des Pensums von Sexta. Deutschland; Preußen. Nach Daniel's Leitfaden.

Quarta (1. und 2. Cöt. comb.) 3 St. Oberl. Eberhardt. 1. Die Hauptlehren aus der mathematischen und physischen Geographie. Geographie von Europa mit besonderer Berücksichtigung der außereuropäischen Länder. Nach Daniel's Leitfaden. Das Wichtigste aus der Geographie von Alt-Griechenland und Alt-Italien. 2. Die denkwürdigsten Begebenheiten aus der alten, insbesondere der griechischen und römischen Geschichte. Nach dem Grundriß von Dielitz.

Unter-Tertia 3 St. Ord. L. Hertel. Geographie von Asien und Europa, insbesondere von Deutschland und Preußen. Nach Daniel's Lehrbuch. Deutsche Geschichte von 375—1648 mit Einschaltung der Geschichte der übrigen europäischen Völker und mit besonderer Berücksichtigung der brandenburgisch-preußischen Geschichte. Nach dem Grundriß von Dielitz.

Ober-Tertia 3 St. Ord. L. Hertel. Geographie der außereuropäischen Erdtheile; Wiederholung des Pensums von Unter-Tertia. Nach Daniel's Lehrbuch. Deutsche Geschichte von 1648—1816 mit besonderer Berücksichtigung der brandenburgisch-preußischen Geschichte. Nach dem Grundriß von Dielitz.

Unter-Secunda 3 St. Oberl. Dr. Knabe. Griechische Geschichte nach Peters Tabellen. Repetition des Pensums von Tertia und der Geographie von Europa.

Ober-Secunda 3 St. Oberl. Dr. Knabe. Römische Geschichte nach Peters Tabellen. Geographie der außereuropäischen Erdtheile.

Prima 3 St. Oberl. Dr. Knabe. Geschichte der neueren Zeit nach dem historischen Hülfsbuch von Herbst. Repetition der römischen Geschichte und einiger Theile der mittleren. Geographische Repetitionen.

Rechnen und Mathematik.

2. Vorbereitungsklasse 4 St. L. Schulze. 2. Abtheilung: Rechnen im Zahlenkreise von 1 bis 20. 2. Abtheilung: Desgleichen im Zahlenkreise von 1 bis 100. Nach Harms' Leitfaden.

1. Vorbereitungsklasse 4 St. L. Nieschke. Die vier Grundrechnungsarten in größeren Zahlen nebst Einübung des kleinen und großen Einmaleins und der Factoren-Zerlegung. Nach Harms' Leitfaden.

Sexta 4 St. L. Nieschke. Die vier Species mit benannten Zahlen. Einübung der neuen Münzen, Maße und Gewichte. Hierauf Rechnung mit gemeinen Brüchen. Nach Harms' und Rudul's Aufgaben.

Quinta 3 St. L. Nieschke. Weitere Einübung der Bruchrechnung und Anwendung derselben auf Rechnungen des bürgerlichen Lebens. Elemente der Decimalbrüche. Nach Harms' und Rudul's Aufgaben.

Quarta 3 St. In beiden Cötus Oberl. Götting. Rechnen: Decimalbrüche, Tara- Zins- u. s. w. Rechnung nach Harms' und Rudul's Aufgaben. Geometrie: Elemente der Planimetrie nach Kambly § 1—61. Alle vier Wochen eine schriftliche Arbeit zur Correctur.

Unter-Tertia 3 St. Hülfsl. Gumprecht. Geometrie: Repetition; Beendigung der Lehre von den Dreiecken; Lehre von den Vierecken, vorzugsweise von den Parallelogrammen; Anfänge der Lehre vom Kreise nach Kambly. Arithmetik: Die 4 Grundrechnungsarten und die Bruchrechnung mit allgemeinen Größen. Multiplication und Division zusammengesetzter Größen. Polynomialbrüche. Nach Barden. Alle 4 Wochen eine schriftliche Arbeit zur Correctur.

Ober-Tertia 3 St. Hülfsl. Gumprecht. Geometrie: Repetition; Lehre vom Kreise und von dem Flächeninhalte der Figuren nach Kambly. Arithmetik: Einiges über Potenzen und Wurzeln; Ausziehen von Quadrat- und Kubik-Wurzeln. Gleichungen ersten Grades mit einer Unbekannten. Nach Barden. Alle 4 Wochen eine schriftliche Arbeit zur Correctur.

Unter-Secunda 4 St. Oberl. Götting. Geometrie: Repetition, Aehnlichkeit der Figuren nach Kambly § 128—149, Aufgaben. Arithmetik: Potenzen, Wurzeln, Gleichungen des ersten Grades mit mehreren Unbekannten nach Barden's Aufgabensammlung. Alle 4 Wochen eine schriftliche Arbeit zur Correctur.

Ober-Secunda 4 St. Oberl. Götting. Geometrie: Repetition, Aehnlichkeit der Figuren nach Kambly. Ausmessung der regelmäßigen Vielecke und des Kreises, Goniometrie, Aufgaben. Arithmetik: Repetition, Logarithmen, quadratische Gleichungen, arithmetische und geometrische Reihen. Alle 4 Wochen eine schriftliche Arbeit zur Correctur.

Prima 4 St. Oberl. Götting. Im Sommer: Trigonometrie, Anwendungen der geometrischen Reihen, Combinatorik, algebraische Uebungen. Im Winter: Stereometrie, Kettenbrüche und unbestimmte Gleichungen, algebraische und geometrische Uebungen. Alle 4 Wochen eine schriftliche Arbeit zur Correctur.

Naturkunde.

Sexta 2 St. Im Sommer Hülfsl. Rosbabt, im Winter Hülfsl. Gumprecht. Im Sommer Botanik. Uebungen im Beschreiben der bekanntesten Pflanzen an frischen, von den Schülern selbst mitgebrachten Exemplaren. Im Winter Zoologie. Beschreibung der bekanntesten Thiere nach Bau und Lebensart.

Quinta 2 St. Im Sommer Hülfsl. Rosbabt, im Winter Hülfsl. Gumprecht. Wie in Sexta; Sonderung der Art- und Gattungscharaktere.

Unter-Tertia 2 St. Im Sommer Hülfsl. Rosbabt, im Winter Hülfsl. Gumprecht. Im Sommer Botanik. Anleitung der Schüler zum selbständigen Bestimmen der Pflanzen an frischen Exemplaren nach Wünsche's Schulflora von Deutschland. Im Winter Zoologie. Skelet und Muskeln; Organe der Verdauung, des Blutumlaufs und der Athmung; Nervensystem und Sinnesorgane. Systematische Uebersicht des gesammten Thierreichs. Systematik der Wirbelthiere.

Ober=Tertia 2 St. Im Sommer Hültel. Mosbach, im Winter Hültel. Gumprecht. In Sommer Botanik wie in IIIb. Im Winter allgemeine Mineralogie: Physikalische und chemische Eigenschaften der Mineralien. Specielle Mineralogie: Beschreibung der wichtigsten Mineralien (besonders nach Gestalt, Zusammensetzung und Betheiligung an dem Aufbau der Erdrinde).

Unter=Secunda 1 St. Oberl. Götting. Im Sommer: chemische Erscheinungen nach Koppe's Anfangsgründen der Physik § 79—103. Im Winter: Akustik nach Koppe § 165—181, allgemeine mechanische Eigenschaften der Körper § 5—17.

Ober=Secunda 1 St. Oberl. Götting. Im Sommer: mechanische Eigenschaften der luftförmigen Körper § 58—78. Im Winter: Wärmelehre § 220—259.

Prima 2 St. Oberl. Götting. Im Sommer: Mechanik § 17—57. Im Winter: Electricität und Magnetismus § 104—164.

Zeichnen.

Sexta 2 St. Maler Krause. Elemente der Formenlehre: Linien in verschiedenen Richtungen, Maßen und Verbindungen.

Quinta 2 St. Maler Krause. Elemente der Perspective und deren Anwendung beim Zeichnen nach Modellen. Uebung im Freihandzeichnen nach Vorzeichnungen an der Wandtafel.

Quarta 2 St. In beiden Cötus Maler Krause. Weitere Entwickelung der Perspective. Zeichnen nach Modellen und gemalten Bildern. Uebungen im Zeichnen von Köpfen.

An dem wöchentlich in zwei Stunden außer der Schulzeit ertheilten Zeichenunterricht für die 3 oberen Klassen haben Theil genommen: 4 Unter=Tertianer, 3 Ober=Tertianer, 4 Unter=Secundaner, 1 Ober=Secundaner, 1 Primaner. Mit Rücksicht auf den schon erwählten Beruf der einzelnen Schüler wurde neben Freihandzeichnen auch technisches Zeichnen geübt mit Anwendung von Aquarellfarben.

Schreiben.

2. Vorbereitungsklasse. 1. Abth. 2 St. L. Schulze. Die ersten 3 Hefte von Henze.

1. Vorbereitungsklasse 3 St. L. Nieschke. Die deutschen und lateinischen Schriftformen wurden zunächst einzeln nach ihrer Entstehung, dann in Wörtern und Sätzen nach den Schönschreibheften von Henze eingeübt.

Sexta 3 St. Maler Krause. Uebung in deutscher und lateinischer Schrift nach der Methode von Freiwirth.

Quinta 3 St. Maler Krause. Weitere Uebungen in der deutschen und lateinischen Schrift, besonders in der Currentschrift mit Rücksicht auf gefällige Form der Buchstaben.

Außerdem wurde Unterricht ertheilt:

1) im Hebräischen. Unter= und Ober=Secunda (comb.) 2 St. Ord. L. Michael. Einübung der hebräischen Schrift, der Flexion des Verbums und des Nomens mit den einschlagenden Lautgesetzen und den unentbehrlichsten syntaktischen Regeln nach der Grammatik von Gesenius=Rödiger. Gelesen wurden einige historische Abschnitte aus dem Lesebuche von Gesenius. Alle 4 Wochen eine schriftliche Arbeit (Uebersetzung und Analyse hebräischer Texte). Prima 2 St. Oberl. Gottschick. Repetition und Befestigung der Formenlehre; Ein= übung der syntaktischen Regeln im Anschluß an die Lectüre nach der Grammatik von Gesenius=Rödiger. Gelesen wurde Psalm 26—43. 1. Könige cp. 2—11 excl. 6. 7. Extemporirt wurde Josua 1—10. Monatlich eine schriftliche Arbeit (Uebersetzung und Analyse eines hebräischen Textes).

2) im Singen. Die Schüler der 1. Vorbereitungsklasse haben in 1 Stunde wöchentlich beim Lehrer Nieschke leichte Choralmelodien und Lieder nach dem Gehör eingeübt. — Die Schüler des Gymnasiums übten in 3 Singstunden wöchentlich unter Begleitung eines Flügels die im Torgau=Merseburger Gesangbuche vorkommenden, zu den Schulandachten nothwendigen Choräle (nach Hiller) ein und wurden, soweit es die Zeit gestattete, in den Elementen der Theorie unterwiesen, deren Kenntniß je nach den verschiedenen Klassen erweitert wurde. Sopran und Alt übten wöchentlich, Tenor und Baß alle 14 Tage eine Stunde. Von Zeit zu Zeit wurden sämmtliche Schüler zu gemeinsamer Uebung (a capella) in der Aula zusammengenommen. Den Gesang=Unterricht hat Dr. Taubert ertheilt.

3) im Turnen. Im Sommer hat der ganze Cötus (16 Riegen) wöchentlich zweimal je 2 St. auf dem Turnplatze geturnt, im Winter sind zwei Abtheilungen gebildet worden, von denen jede wöchentlich einmal (1 St.) in der Turnhalle geturnt hat. Im Winter wurden außerdem die zu Vorturnern geeigneten Schüler in wöchentlich 1 St. in der Turnhalle unterrichtet. Den Turnunterricht hat Dr. Taubert ertheilt.

2) Tabellarische Uebersicht der Lehrfächer mit der ihnen zugewiesenen Stundenzahl.

Lehrfächer.	Wöchentliche Stundenzahl in den einzelnen Klassen.											Summa.
	I.	IIa.	IIb.	IIIa.	IIIb.	IVi.	IVii.	V.	VI.	1. Vor-klasse.	2. Vor-klasse.	
Religionslehre	2	2	2	2	2	2	2	3	3	4	3	23
Deutsche Sprache	3	2	2	2	2	2	2	2	2	7	9 (incl. Schreib.)	35
Lateinische Sprache	8	10	10	10	10	10	10	10	10			88
Griechische Sprache	6	6	6	6	6	6	6					42
Französische Sprache	2	2	2	2	2	2	2	3				17
Hebräische Sprache	2	2	2									4
Geschichte und Geographie	3	3	3	3	3	3	3	2	2	2		27
Rechnen und Mathematik	4	4	4	3	3	3	3	3	4	4	4	39
Naturkunde	2	1	1	2	2			2	2			12
Schreiben								3	3	3		9
Zeichnen						2	2	2	2			10 (incl. 2 für I—III.)
Singen	1	1	1	1	1	1	1	1	1	1		4
	33	33	33	31	31	31	31	31	29	21	16	310

3) Vertheilung der Lehrfächer unter die einzelnen Lehrer im Winterhalbjahr 1877 78.

	I.	IIa.	IIb.	IIIa.	IIIb.	IVi.	IVii.	V.	VI.	1. Vor-klasse.	2. Vor-klasse.	Summa.
1. Dir. Prof. Dr. Haacke Ord. v. I.	8 Latein. 2 griech. Dichter.	2 lat. Stil.										12
2. Dr. Knabe Pror. u. 1. Oberl. Ord. v. IIa.		4 Griech 5 Gesch.	8 Latein. 3 Gesch.	3 Gesch.								21
3. Gottschick Conr. u. 2. Oberl. Ord. v. IIb.		2 Relig. 3 Teutsch. 2 Hebr.		4 Griech.	2 Relig. 8 Latein.							21
4. Götting Subr. u. 3. Oberl.		4 Math. 2 Phys.	4 Math. 1 Phys.	4 Math. 1 Phys.				3 Rechn. u. Math.	3 Rechn. u. Math.			22
5. Eberhardt Subconr. u. 4. Oberl. Ord. v. IIIa.			2 Ttsch.	6 Griech.	2 Ttsch. 10 Lat.			3 Gesch. und Geogr.				23
6. Kleinschmidt 1. ord. Lehrer. Ord. v. V.							2 lat. 2 Franz. Dichter. 6 Griech.	2 Tttö. 10 Lat.				22
7. Hertel 2. ord. Lehrer.			2 Ttsch. 2 Latein. Dichter.	6 Griech 3 Gesch.	3 Gesch. 6 Griech.							22
8. Michael 3. ord. Lehrer. Ord. v. IIIb.			2 Hebr.	2 Relig.	2 Relig. 2 Ttsch. 10 Lat. 4 Griech.							22

40

	I.	IIa.	IIb.	IIIa.	IIIb.	IVI.	IVII.	V.	VI.	1. Vor-klasse.	2. Vor-klasse.	Summa.
9. Dr. **Taubert** 4. ord. Lehrer. Ord. v. IVI.	1 Singen.				2 Tsch. 2 Franz. 10 Lat. 1 Singen.			1 Singen.				21 (incl. 4 Sing-stunden des Chors.)
10. **Koch** wissensch. Hülfslehrer. Ord. v. VI.	2 Franz.	2 Franz.	2 Franz.	2 Franz.	2 griech. Dichter.					2 Tsch. 10 Lat.		22
11. **Selvers** ao. Hülfslehrer. Ord. v. IVII.		2 griech. Dichter.			2 Relig. 2 Tsch. 4 Lat. 2 Franz.		3 Relig.	3 Relig.				22
12. **Gumprecht** cand. prob. und ao. Hülfslehrer.				1 Math. 2 Natur-geich.	3 Math. 2 Natur-geich.			3 Franz. 2 Geogr. 2 Natur-geich.	2 Geogr. 2 Natur-geich.			21
13. Maler **Krause** technischer Lehrer.						2 Zeichn.	2 Zeichn.	2 Zeichn. 3 Schrb.	2 Zeichn. 3 Schrb.			16 (incl. 2 Zeich. für I—III.)
14. **Rieschke** Lehrer der 1. Vorber.-Klasse.								3 Rechn.	4 Rechn.	1 Relig. 7 Deutsch. 2 Geogr. 4 Rechn. 3 Schreib. 1 Singen.		28
15. **Schulze** Lehrer der 2. Vorber.-Klasse.											3 Relig. 9 Deutsch. (incl. Schreib). 4 Rechn.	16

4) Verzeichniß der im Deutschen und Lateinischen während des Schuljahres 1877/78 bearbeiteten Themata nebst den für die Abiturienten gestellten Aufgaben.

a) Themata der deutschen Aufsätze.

In Unter-Tertia (Michael): Einiges aus meinem Leben. — Schilderung der Natur im Mai. — Worin hat die Reiselust ihren Grund? — Rückblick auf die Ferien. — Warum soll man kein Thier quälen? — Welche Vorzüge hat das Leben auf dem Lande vor dem in der Stadt? — Wie man's treibt, so geht's. — Das Weihnachtsfest. — Was berichtet uns Cäsar über die Sueben? — Die Gefahren eines Flusses. — Zu welchem Zwecken werden Reisen unternommen? — Wie erscheint Rudolf von Habsburg in Schiller's „Graf von Habsburg"?

In Ober-Tertia (Eberhardt): Die Schlacht bei Marathon, ein Werk des Miltiades. — Lebensweise, Charakter und politische Lage der Schweizer, geschildert nach dem 1. Akt des Wilhelm Tell. — Seelenstimmung der Troerinnen. (Nach Schiller's Siegesfest). — Zustand Deutschlands nach dem 30jährigen Kriege. — Wie kommt die Jugend den Pflichten gegen das Vaterland am besten nach? — Der Abschied zum Heere (ein Gemälde). — Der Mensch lebt nur einmal (richtig und falsch gedeutet). — Die Kraniche des Ibycus (in geordneter Prosa nacherzählt). — O wunderschön ist Gottes Erde Und werth, darauf vergnügt zu sein. — Welches Jahr des siebenjährigen Krieges war für Friedrich den Großen das schlimmste? — Theodor Körner, ein Vorbild der deutschen Jugend.

In Unter-Secunda (Hertel): In Leid halt' aus, in Freud' halt' ein. — Wodurch wurde den Römern die Eroberung der griechischen und asiatischen Länder erleichtert? — Ein Leben voll Arbeit ist keine Last sondern eine Wohlthat. — Das Wort ein Heilmittel. — Die Bedeutung Buttler's in Schiller's Wallenstein. — Wenn die Noth am größten, ist Gottes Hilfe am nächsten. — Der Schein trügt. — Die Rede ein Spiegel des Menschen. — Welche Gründe bestimmten Wallenstein, von seinem Kaiser abzufallen? (Nach Schiller's Tragödie). — Aufschieben ist eine schlimme Sitte. (Classenarbeit.) — Das Geld ist ein guter Diener, aber ein schlimmer Herr. — Wodurch erweckt die Geschichte unser Interesse? (Classenarbeit.)

In Ober-Secunda (Eberhardt): Von der Stirne heiß, rinnen muß der Schweiß. — Was enthält der Spruch: Ubi bene, ibi patria Wahres und Falsches? — Welche Charakterzüge offenbart Gertrud, Stauffacher's Gemahlin, im Wilhelm Tell? — Muth zeigt auch der Mamelud, Gehorsam ist des Christen

Schmuck. — Welche Gefahren hat der Reichthum in seinem Gefolge? (Klassenarbeit). — Der Anblick der Natur eine Erhebung und eine Demüthigung für den Menschen. — Warum versagt die Geschichte Napoleon I. den Namen des Großen. — Walther von der Vogelweide als nationaler Sänger geschildert. — Welche Züge ergreifen uns in der Kudrun am meisten? — Was macht Schiller's Leben so ergreifend für uns? — Arbeit ist des Lebens Balsam, Arbeit ist der Tugend Quell. (Klassenarbeit.)

In Prima (Gottschid): In wiefern kann der Tod des Socrates ein tragischer genannt werden? — Socrates und die Sophisten. — Götz von Berlichingen, ein Produkt der Sturm= und Drangperiode. — Auf welche Weise hat Göthe uns den antiten Mythus von Orest in der Iphigenie nahe gebracht? (Clausurarbeit.) — Das Gesetz nur kann Dir Freiheit geben! — Unaufhaltsam enteilet die Zeit; sie sucht das Beständige. Sei getreu! Und Du legst ewige Fesseln ihr an. — Welchen Einfluß hat die Phantasie auf das sittliche Handeln? — Weshalb regt Rom unsere Reiselust mehr an als Athen? (Clausurarbeit.) — Warum erregt der Inhalt der Odyssee ein dauerndes Interesse? — Wer regt unser Gemüth mehr an, Hettor oder Achill? — Mit welchem Rechte werden die Studien des klassischen Alterthums Humanitätsstudien genannt?

b. Themata der lateinischen Aufsätze.

In Ober=Secunda (Knabe): De causis belli Peloponnesiaci. — Qui factum sit, ut Romani auxilio venirent Marmertinis. — Quae bella gesserint Romani cum regibus Macedonum. — Caesar, cum Galliam subigeret, quid spectaverit.

In Prima (der Direktor): Quo iure Fabius scutum imperii, Marcellus ensis Romanorum appellatus sit? — Rectene Cato censuerit, Carthaginem esse delendam. — Qui factum sit, ut saepe Nicias male, Brasidas bene rem gereret. — Laudes imperatoris Augusti. — Seditionis Gracchorum quae causa, qui eventus fuerit. — Themistoclem in pace non minorem fuisse quam in bello. — Athenienses in optimos cives nonnunquam ingratos fuisse, testis est Miltiades. — Num recte Cicero Epaminondam principem Graeciae dixerit. — Boeotis neque rerum gestarum neque artium gloriam defuisse.

c. Aufgaben für die Abiturientenprüfung Michaelis 1877

im Deutschen: Welchen günstigen Bedingungen verdanken es die Griechen, daß sie das klassische Volk der Kunst und Wissenschaft geworden sind? — im Lateinischen: Laudes imperatores Augusti — in der Mathematik: 1) Auf der zu der einen Seite eines Dreiecks gehörigen Höhe soll der Mittelpunkt des Kreises bestimmt werden, der die größere der beiden anderen Seiten berührt und durch die der letzteren gegenüberliegende Winkelspitze geht. 2) In eine regelmäßige vierseitige Pyramide, deren Kanten sämmtlich a sind, ist eine Halbkugel und durch die Berührungspunkte mit den Seitenflächen ein Kreisschnitt der Halbkugel gelegt. Wie groß sind die Ober= flächen der beiden Zonen und das Volumen einer regelmäßigen vierseitigen Pyramide, deren Grundfläche das in dem Kreisschnitt liegende Quadrat und deren Spitze der Mittelpunkt der Grundfläche der Halbkugel ist. 3) Von einem rechtwinkligen Dreieck ist der Radius des einbeschriebenen Kreises $\varrho = 0{,}823105$ und das Stück $d = 5{,}78141$ gegeben, um welches die Summe der Hypotenuse und einen Kathete die andere Kathete übertrifft. In den Gegenwinkel der letzteren ist eine Linie, welche ein gleichschenkliges Dreieck abschneidet, so zu ziehen, daß die Summe dieser Linie und der letzteren Kathete gleich der Summe der von der Hypotenuse und ersten Kathete übrig bleibenden Abschnitte ist. 4) Wie heißen die 5 Größen, deren fünfte Potenzen gleich —1 sind?

Ostern 1878

im Deutschen: Wer spricht unser Gemüth mehr an, Achill oder Hettor? — im Lateinischen: Boeotis neque rerum gestarum, neque artium gloriam defuisse — in der Mathematik: 1) Durch einen gegebenen Punkt A ist ein Kreis zu beschreiben, der einen gegebenen Kreis B rechtwinklig schneidet und eine gegebene Gerade xy berührt. 2) In eine Kugel von gegebenem Radius r eine regelmäßige sechsseitige Pyramide, deren Seitenkanten doppelt so groß als die Grundkanten sind, in die Pyramide eine Kugel zu construiren und Volumen und Oberfläche der Kugel und das Volumen der Pyramide anzugeben. 3) Von einem Dreieck, in welchem die Summe zweier Seiten doppelt so groß als die dritte Seite ist, ist der Gegenwinkel γ der letzteren und der Flächeninhalt $\triangle$ gegeben. Die beiden anderen Winkel des Dreiecks und die dritte Seite sind zu berechnen. 4) $(x+y)(x^2 - y^2) = a$, $(x+y)(x^2+y^2) = b$.

5) Alumnat.

In den Verhältnissen des Alumnats hat sich nichts verändert. An Stelle des Oberlehrers Eberhardt ist am 1. März 1878 der Hülfsl. Koch als Alumnats=Inspektor getreten.

6) Der Singchor.

Die für die Choristen bestimmten Legate erhielten:

Franz Horn (Chorpräfect), Walther (Adjunct), Martin Horn, Paudert, Schütze, Bude, Krebs, Klintsch; Hessel, Dölling, Jädel, Jentsch, Gieppner; Arnold Horn, Elschner, Deutsche, Johannes Reinhardt, Oscar Damm, Paul Taubert, Rißig, Paul Damm; Hans Taubert, Evers, Walter Horn, Otto, Hermann Reinhardt.

7) Bücherprämien.

Bücherprämien erhielten Ostern 1877:

aus Serta: Schröter, Röber, Hänsel — aus Quinta: Oertel, Meyer, Fritsche, Krüger — aus Quarta 1. Cör.
Horn, Wolff — aus Ober-Tertia: Backmann, Kirchböser — aus Unter-Secunda: Michael, Heinze — aus
Prima: Wagner, Scheer, Bünger.

Anhang: Lectionarium für das Kirchenjahr 1877/78, entworfen von dem Religionslehrer
der Prima Oberlehrer Gottschick.

1. Adv. 2. Dec.	
M. Pf. 24.	
D. Jes. 40, 1—11.	
M. = 40, 25—31.	
D. = 49, 6—16a.	
F. = 55, 1—3. 6—11.	
S. Ev. Luc. 21, 25—36.	
Ep. Röm. 19, 4—13.	

2. Adv. 9. Dec.
M. Pf. 111.
D. Pf. 73.
M. Jes. 57, 14—21.
D. Mich. 6, 1—9. 7, 18—20.
F. Jer. 31, 1—3. 31—34.
S. Ev. Matth. 11, 2—10.
Ep. 1. Cor. 4, 1—5.

3. Adv. 16. Dec.
M. Pf. 1.
D. Mt. 3, 1—10.
M. Ev. Job. 1, 1—18.
D. Mt. 11, 25—30.
F. Luc. 2, 1—14.
S. Ev. Job. 1, 19—28.

Weihnachtsferien.

Schulanfang 4. Jan.
F. Pf. 103.
S. Ev. Mt. 2, 1—12.
Ep. Jes. 60, 1—6.

Epiph. 6. Jan.
M. Pf. 139, 1—12. 23. 24.
D. Luc. 2, 25—35.
M. = 4. 14—30.
D. = 5, 27—39.
F. Pf. 33
S. Ev. Luc. 2, 41—52.
Ep. Röm. 12, 1—6.

1. n. Epiph. 13. Jan.
M. Pf. 23.
D. Mt. 4, 25. 5, 1—9.
M. = 5, 10—19.
D. = 5, 20—30.
F. = 5, 38—48.
S. Ev. Job. 2, 1—11.
Ep. Röm. 12, 7—16.

2. n. Epiph. 20. Jan.
M. Pf. 25, excl. 2b u. 19.
D. Mt. 6, 1—13.
M. = 6, 14—23.
D. = 6, 21—34.
F. = 7, 1—12 excl. 6.
S. Ev. Mt. 8, 1—13.
Ep. Röm. 12, 17—21.

3. n. Epiph. 27. Jan.
M. Mt. 7, 13. 14. 24—29.
D. = 9, 9—13. 35—38.
M. = 10, 28—40.
D. = 11, 16—24.
F. = 12, 22—32.
S. Ev. Mt. 8, 23—27.
Ep. Röm. 13, 8—10.

4. n. Epiph. 3. Febr.
M. Mt. 12, 33—42 excl. 40.
D. Luc. 17, 16—23. 30. 31.
M. = 9, 18—27.
D. = 9, 46—56.
F. = 9, 57—62.
S. Ev. Mt. 13, 24—30.
Ep. Col. 3, 12—27.

5. n. Epiph. 10. Febr.
M. Job. 6, 53—60. 66—69.
D. Luc. 18, 15—27.
M. Mt. 13, 1—9.
D. = 13, 10—23.
F. = 13, 24—30. 36b—43.
S. Ev. Mt. 20, 1—16,
Ep. 1. Cor. 9, 24—10, 5,

Septuag. 17. Febr.
M. Mt. 13, 44—50.
D. = 13, 31—33. 51—58.
D. = 18, 12—22.
D. = 16, 21—27.
F. Jac. 1, 1—12.
S. Ev. Luc. 8, 4—15.
Ep. 2. Cor. 11, 19—12, 3.

Serages. 24. Febr.
M. Jac. 1, 13—21.
D. = 1, 22—27.
M. = 2, 8—13.
D. = 2, 14—26 excl. 25.
F. = 3, 2—12.
S. Ev. Luc. 18, 31—43.
Ep. 1. Cor. 13.

Estomihi. 3. März.
M. Jac. 3, 13—18.
D. = 4, 1—10.
M. = 4, 11—17.
D. = 5, 7—11. 16. 19. 20.
F. Job. 3, 16—21.
S. Ev. Mt. 4, 1—11.
Ep. 2. Cor. 6, 1—10.

Invoc. 10. März.
M. Mt. 20, 17—28.
D. = 21, 10—22.
M. = 21, 23—32.
D. = 21, 33—46.

F. Mt. 22, 1—14.
S. Ev. Mt. 15, 21—28.
Ep. 1. Thess. 4, 1—7.

Remin. 17. März.
M. Mt. 23, 1—12.
D. Job. 14, 1—14.
M. = 15, 1—11.
D. = 15, 12—21.
F. Königsgeburtstag.
S. Ev. Luc. 11, 14—28.
Ep. Röm. 5, 1—9.

Oculi. 24. März.
M. Job. 17, 1—11.
D. = 17, 12—26.
M. Mt. 26, 1—16.
D. = 26. 17—29.
F. Job. 13, 1—15.
S. Ev. Job. 6, 1—15.
Ep. Gal. 4, 21—31.

Lätare. 31. März.
M. Mt. 26, 30—46.
D. = 26, 47—56.
M. = 26, 57—75.
D. = 27, 1—14.
F. = 27, 15—31.
S. Ev. Job. 8, 46—59.
Ep. Ebr. 9. 11—15.

Judica. 7. April.
M. Mt. 27, 32—56.
D. = 27, 57—66.
M. Schulschluß.

Osterferien.

Schulanfang 25. April.
D. Pf. 90.
M. Pf. 116.
S. Ev. Job. 20, 19—31.
Ep. 1. Job. 5, 4—10.

Quasimodog. 28. April.
M. Pf. 91.
D. Mt. 28, 1—15.
D. Job. 20, 19—23.
F. = 20, 24—29.
S. Ev. Job. 10, 12—16.
1. Petri 2, 21—25.

Miseric. Dom. 5. Mai.
M. 1. Cor. 15, 1—11.
D. = 15, 12—20.
M. = 15, 21—34 excl. 29.
D. = 15, 35—50.
F. = 15, 51—58.
S. Ev. Job. 16, 16—25.
Ep. 1. Petri 2, 11—20.

Jubilate. 12. Mai.
M. Klagel. Jer. 3, 22—41. excl. 29. 30.
D. Pf. 51, 3—6, 9—19.
M. Bußtag und Abendmahl.
D. Pf. 32.
F. Pf. 145.
S. Ev. Job. 16, 5—15.
Ep. Jac. 1, 16—21.

Cantate. 19. Mai.
M. 1. Petri 1, 1—9.
D. = 1, 10—16.
M. = 1, 17—25.
D. = 2, 1—11.
F. Job. 14, 15—21.
S. Ev. Job. 16. 23. 30.
Ep. Jac. 1, 22—27.

Rogate. 26. Mai.
M. Job. 14, 15—21.
D. Luc. 18, 1—8.
M. Phil. 2, 1—13.
D. Phil. 4, 4—9.
S. Ev. Job. 15, 26—16, 4.
Ep. 1. Petri 4, 8—11.

Exaudi. 2. Juni.
M. Apg. 2, 1—13.
D. = 2, 14—21.
M. = 2, 22—24. 32. 33. 36—39.
D. Ebr. 3, 1—15.
F. = 4, 1—13.

Pfingstferien.

D. Pf. 104, 1—18.
F. = 104, 19—35.
S. Ev. Job. 3, 1—15.
Ep. Röm. 11, 33—36.

Trinitatis. 16. Juni.
M. Pf. 111.
D. Hiob 8, 1—3. 12—28.
M. Jes. Sir. 1, 1—16. 26—38.
D. = 2.
D. = 3. 8—11. 19—30.
S. Ev. Luc. 16, 19—31.
Ep. 1. Job. 4, 16—21.

1. n. Trin. 23. Juni.
M. Jes. Sir. 5, 1—14. 18—20.
D. Apg. 9, 1—20.
M. = 10, 16—17. 19. 22—33.
D. = 20, 17—29. 31—35.
F. Ebr. 12, 1—14. excl. 3.
S. Luc. 14, 16—24.
1. Job. 3, 13—18.

2. n. Trin. 30. Juni.
M. Gal. 1, 1—12.
D. = 2, 16—21.
M. = 3, 23—29.
D. = 4, 1—7.
F. = 5, 1—11. 13—15.
S. Ev. Luc. 15, 1—10.
Ep. 1. Petri 5, 6—11.

Sommerferien 8 Juli bis 4. August.

7. n. Trin. 4. Aug.
M. Pf. 19 excl. v. 14.
D. Sprüche 24, 1—8. 30—31.
M. 1. Cor. 1, 1—10.
D. = 1, 11—20.
F. = 1, 21—31.
S. Ev. Mt. 7, 15—23.
Ep. Röm. 8, 12—17.

8. n. Trin. 11. Aug.
M. 1. Cor. 2, 10b—16.
D. = 3, 1—9.
M. = 3, 10—15.
D. = 3, 16—23.
F. = 4, 1—8.
S. Ev. Luc. 16, 1—9.
Ep. 1. Cor. 10. 6—13.

9. n. Trin. 18. Aug.
M. 1. Cor. 9, 19—27.
D. = 12, 4—8. 11. 12.
M. = 12, 15—18. 21—26.
D. = 12, 31—13, 1—13.

F. 2. Cor. 4, 6—18.
S. Ev. Luc. 19, 41—48.
Ep. 1. Cor. 12, 1—11.

10. n. Trin. 25. Aug.
M. 2. Cor. 5, 1—10.
D. = 5, 11—21.
M. = 6, 1—10.
D. = 6, 11—18.
F. = 7, 1—11.
S. Ev. Luc. 18, 9—14.
Ep. 1. Cor. 15, 1—10.

11. n. Trin. 1. Sept.
M. Eph. 1, 1—10.
D. = 1, 15—23.
M. = 2, 1—10.
D. = 2, 11a. 12—22.
F. = 4, 22—32.
S. Ev. Marc. 7, 31—37.
Ep. 2. Cor. 3, 4—11.

12. n. Trin. 8. Sept.
M. Ecl. 3, 1—8.
D. = 3, 9—17.
M. 1. Job. 1.
D. = 2, 1—11.
F. = 2, 12—17. 28. 29
S. Ev. Luc. 10, 23—37.
Ep. Gal. 3, 15—22.

13. n. Trin. 15. Sept.
M. 1. Job. 3, 1—10.
D. = 3, 11—18.
M. = 3, 19—24.
D. = 4. 7—16a.
F. = 4, 16b—21.

S. Ev. Luc. 17. 11—19.
Ep. Gal. 5, 16—24.

14. n. Trin. 22. Sept.
M. 1. Job. 5, 1—5.
M. Pf. 119. 1—12. 103—105.
M. Pf. 37, 1—9. 25. 35—40.
F. 2. Petri 1, 1—12.
S. Schulschluß.

Michaelisferien.

Schulanfang 13. Oct.
D. Pf. 121.
M. Röm. 1, 1—7, 13—17.
D. = 1, 18—23. 28—32.
F. = 2, 1—11.
S. Ev. Mt. 22, 34—46.
Ep. 1. Cor. 4, 4—9.

18. n. Trin. 20. Oct.
M. Röm. 2, 11—24.
D. = 3, 20b—31.
M. = 4, 1—8.
D. = 5, 1—11.
F. = 5, 12—21.
S. Ev. Marc. 9, 1—8.
Ep. Eph. 4, 22—28.

19. n. Trin. 27. Oct.
M. Röm. 6, 1—11.
D. = 6, 12—18.
M. = 6, 19—23.
D. = 7, 14—25.
F. Pf. 130.
S. Vorbereit. z. Abendmahl.

20. n. Trin. 3. Nov.
Reformationsfest und Abendmahl.
M. Pf. 46.
D. Röm. 8, 1—11.
M. = 8, 12—17. 24—27.
D. = 8, 28—39.
F. = 13, 1—7.
S. Ev. Job. 4, 47—54.
Ep. Eph. 6, 10—17.

21. n. Trin. 10. Nov.
M. Röm. 13, 8—14.
D. = 14. 1—12.
M. = 14, 13—23.
D. Pf. 84.
F. Pf. 92 excl. 12.
S. Ev. Mt. 18, 23—35.
Ep. Phil. 1, 3—11.

22. n. Trin. 17. Nov.
M. Mt. 24, 37—51.
D. = 25, 1—13.
M. = 25, 14—30.
D. Hiob 19, 23—27a.
F. Hesekiel 37, 1—14.
S. Ev. Mt. 22, 15—22.
Ep. Phil. 3, 17—21.

23. n. Trin. 24. Nov.
M. 1. Theff. 5, 1—11.
D. Offenb. 3, 1—5. 10—11.
2, 10b.
M. = 14, 6—7. 13—19.
D. = 3, 14—22.
F. = 21, 1—7.
S. Ev. Mt. 21, 1—9.
Ep. Röm. 13, 11—14.

II.

Verfügungen und Mittheilungen des Königlichen Provinzial-Schulcollegiums.

1877. 24. März. Der eingereichte Lehr- und Lectionsplan für das Schuljahr 1877/78 wird genehmigt.

26. März. Mittheilung einer Ministerial-Verfügung vom 26. März, nach welcher fortan für alle Behörden des Reichs und der Bundesstaaten ein einheitliches Papierformat von 33 Centimeter Höhe und 21 Centimeter Breite in Gebrauch zu nehmen ist (abgesehen von Tabellen und sonstigen Ausnahmefällen).

11. April. Mittheilung einer Ministerial-Verfügung vom 20. März, die Aufnahme von Civil-Eleven in die Königliche Central-Turnanstalt in Berlin betreffend, unter Beifügung eines Exemplars der für den Eintritt in die Civilabtheilung der Central-Turnanstalt geltenden Bestimmungen.

13. April. Mittheilung einer Ministerial-Verfügung vom 7. März, nach welcher die Unterrichtsbehörden nur diejenigen dem Unterrichtswesen angehörigen Personen im amtlichen Verkehr mit der Doctorwürde bezeichnen sollen, welche sie auf die in Preußen vorgeschriebene Art (nach vorgängigem mündlichen Examen und auf Grund einer gedruckten Dissertation) erworben haben (ausgenommen werden die honoris causa erfolgten Promotionen).

9. Mai. Die Conferenz der Directoren der Gymnasien und Realschulen 1. Ordnung der Provinz Sachsen soll vom 23. bis 25. Mai in Halle (Altussaal des Königl. Pädagogiums) gehalten werden.

8. Juni, 17. August, 9. Februar 1878. Mittheilung dreier Ministerial-Verfügungen vom 29. Mai, 8. Juni, 31. Januar 1878, die Zeugnisse zur Meldung für den einjährigen Militairdienst betreffend. 1. Bei denjenigen Schülern,

6*

welche die Schule nach einjährigem Besuche der Secunda zu verlassen beabsichtigen, ist in der Zuerkennung der betreffenden Zeugnisse nach denselben Grundsätzen zu verfahren, welche für die Versetzung in die höhere Klasse resp. Klassenabtheilung in Geltung sind. Als Regel wird dabei angenommen, daß die Entscheidung über die Ertheilung des Qualificationszeugnisses in der Versetzungsconferenz erfolgt: doch kann in besonders motivirten Fällen der Beschluß vor völligem Ablauf des einjährigen Besuches der Secunda gefaßt werden, aber nicht früher als in dem Monate, in welchem der einjährige Besuch zu Ende geht, den Monat nicht als Kalendermonat sondern als Zeitraum von 30 Tagen gedacht. Bei der kurzen Zeit von 30 Tagen, welche äußersten Falles an dem einjährigen Besuch der Secunda fehlen dürfen, wird es der Conferenz noch möglich sein, sich ein Urtheil darüber zu bilden, ob der betreffende Schüler bis zum Schluß des einjährigen Besuches der Klasse voraussichtlich die Versetzung in die höhere Klasse erreichen werde oder nicht. 2. Bei denjenigen Schülern, welche die Schule über die Stelle, an welcher das Militairzeugniß erreichbar ist, hinaus besuchen wollen, bedarf es, nachdem ihnen die Versetzung in die höhere Klasse zuerkannt ist, keines besonderen Beschlusses betreffs des Militairzeugnisses: dasselbe ist ihnen zugleich mit der halbjährigen Censur einzuhändigen, so daß es bei einer später eintretenden Anwendung nur noch einer Bescheinigung des Direktors über die sittliche Führung in der dazwischen liegenden Zeit bedarf.

25. Juni. Mittheilung einer Verfügung des Herrn Finanzministers, das Supernumerariat bei der Verwaltung der indirekten Steuern betreffend. Die durch die Verfügungen vom 18. März und 15. Juni 1874 nachgegebenen Erleichterungen der Anforderungen an die wissenschaftliche Vorbildung werden aufgehoben, so daß die in der Verfügung vom 14. November 1859 enthaltenen Bestimmungen wieder in Kraft treten.

2. Juli. Die Direktoren haben dafür zu sorgen, daß Postsendungen, welche nicht an einen bestimmten Schüler, sondern z. B. an die Prima, an die Secunda, an den Primus omnium ꝛc. adressirt sind, nur an die Direktion abgegeben werden.

12. Juli. Von den Programmen der höheren Unterrichtsanstalten, welche ein Verzeichniß der in den Schulbibliotheken befindlichen alten Drucke und Handschriften enthalten oder deutsche resp. Provincialgeschichte behandeln, soll je ein Exemplar dem Königl. Staatsarchiv zu Magdeburg zugeschickt werden.

15. August. Die Verhandlungen der Abiturientenprüfung Ostern 1877 werden zurückgesendet unter Mittheilung der von der Königl. Wissensch. Prüfungs-Commission in Halle gemachten Bemerkungen.

16. October. Mittheilung einer Ministerial-Verfügung vom 6. October, nach welcher 6 Exemplare des Programms (statt der bisherigen 5) an die Geheime Registratur des Unterrichts-Ministeriums eingesandt werden sollen.

eod. Uebersendung von 3 Exemplaren der Verhandlungen der diesjährigen Direktoren-Conferenz der Provinz Sachsen (1 für den Direktor, 1 für das Archiv, 1 für die Gymnasial-Bibliothek).

1. November. Es wird auf den in Hameln erschienenen Plan und Grundriß des Herodianischen Tempels zu Jerusalem von Dr. theol. Damman aufmerksam gemacht.

7. November. Die Verhandlungen über die Abiturientenprüfung Michaelis 1877 werden nach genommener Einsicht zurückgeschickt.

26. November. Mittheilung einer Ministerial-Verfügung vom 11. November, in welcher die neue Ausgabe der sämmtlichen Werke Herder's von B. Suphan zur Anschaffung empfohlen wird.

1. December. Die neue Redaktion der Disciplinarordnung für das hiesige Gymnasium wird genehmigt.

1878. 12. Januar. Mittheilung einer Ministerial-Verfügung vom 5. Januar, die Turnlehrer-Prüfung betreffend. Dieselbe wird den 25. und 26. März abgehalten werden. Meldungen dazu müssen bis zum 15. März angebracht werden.

17. Januar und 5. Februar. Mittheilung zweier Ministerial-Verfügungen vom 13. December 1877 und 19. Januar 1878, nach welchen die abgekürzten Bezeichnungen der Maaße und Gewichte, wie sie von der zu diesem Zwecke durch den Herrn Reichskanzler niedergesetzten Commission festgestellt worden sind, in den öffentlichen Lehranstalten zur Anwendung gebracht werden sollen. (Die Zusammenstellung der abgekürzten Maaß- und Gewichtsbezeichnungen ist beigefügt.) Rechenbücher, welche von jetzt an neu erscheinen oder neu gedruckt werden, sollen nur unter der Bedingung zum Schulgebrauche zugelassen werden, daß in ihnen die vorgeschriebene Bezeichnung und Schreibweise zu ausschließlicher Anwendung gekommen ist. Empfohlen wird der Aufsatz eines Mitgliedes der fachmännischen Commission, des Oberlehrers Dr. Mallius: Das Münz-, Maaß- und Gewichts-System im Rechenunterricht, Oldenburg 1877 31 S.

26. Januar. Mittheilung einer Ministerial-Verfügung vom 11. Januar, die Beschäftigung der Probecandidaten betreffend. Es sollen den Probecandidaten, welche mit der vollen Stundenzahl eines ordentl. Lehrers beschäftigt werden, Lehrgegenstände, für welche sie keine facult. doc. erworben haben, nur in Fällen unbedingter Nothwendigkeit übertragen werden. Die Direktoren haben in ihren Berichten diese Nothwendigkeit in jedem einzelnen Falle ausdrücklich zu begründen.

9. Februar. Uebersendung von 3 Exemplaren der von der historischen Commission der Provinz Sachsen herausgegebenen Neujahrsblätter des Jahres 1878 (1 Exemplar für die Gymnasial-Bibliothek, 2 zur Vertheilung an Schüler).

23. Februar. Stiefsöhnen eines Lehrers an einer höheren Unterrichts-Anstalt soll die Schulgeldbefreiung an derjenigen Anstalt, an welcher ihr Stiefvater angestellt ist, in dem Falle zugestanden werden, wenn die Mutter oder die Stiefsöhne kein ausreichendes Vermögen besitzen, so daß die Unterhaltung der letzteren dem Stiefvater moralisch und thatsächlich zufällt.

III.
Chronik der Anstalt.

1) **Veränderungen im Lehrercollegium.** Michaelis 1877 schied der Hülfsl. Rosbadt aus, um als ord. Lehrer an die höhere Bürgerschule in Striegau überzugehen, wohin ihn unsre besten Wünsche begleitet haben. An seine Stelle trat mit Beginn des Wintersemesters der Candidat Otto Gumprecht aus Chemnitz. Derselbe hat seine Vorbildung auf dem Gymnasium zu Zwickau und den Universitäten zu Leipzig und Halle erhalten und am letzteren Orte auch die Lehramtsprüfung (für Mathematik und Naturwissenschaft) bestanden.

2) **Vertretung einzelner Lehrer.** Der Gesundheitszustand der Lehrer ist im Ganzen so günstig gewesen, daß Vertretungen nur in sehr geringem Maße erforderlich gewesen sind.

3) **Sonstige Ereignisse.** Der Unterricht des neuen Schuljahres begann am 10. April, nachdem am Tage zuvor die Aufnahmeprüfung und die Einweihung und Verpflichtung der neuen Schüler stattgefunden hatte. Am 14. April wurden die Schulgesetze vom Direktor vorgelesen und erläutert. Am 25. April erste gemeinsame Abendmahlsfeier, auf welche Tags zuvor der Oberl. Eberhardt vorbereitet hatte. Am 8. Juni Aufführung des Oratoriums Josua von Händel durch den unter Leitung des Dr. Taubert stehenden Gesangverein, woran eine Anzahl der oberen Schüler Theil nahm. Am 30. Juni Vertheilung der Vierteljahrscensuren in den Klassen Serta bis Tertia. Vom 2. bis 28. Juli Hundstagsferien. Am 16. August Turnfahrt der Primaner nach den Hohburger Bergen unter Führung des Dr. Taubert. Vom 27. bis 28. August schriftliche Abiturientenprüfung. Am 1. September Abends 7 Uhr Declamationsactus im Rathhaussaale zur Vorfeier des Tages von Sedan, wie in früheren Jahren. Am 26. September mündliche Abiturientenprüfung unter dem Vorsitz des Herrn Provinzial-Schulraths Dr. Göbel, in welcher 3 Abiturienten das Zeugniß der Reife erlangten. Am 27. September Concert des Gymnasial-Singchors in der Stadtkirche. Vom 6. bis 14. Oktober Michaelisferien. Am 15. Oktober Vormittags Aufnahmeprüfung, Nachmittags Einweihung und Verpflichtung der neuen Schüler in der Lehrerconferenz. Am 16. Oktober Eröffnung des Wintercursus. Am 4. November zweite gemeinsame Abendmahlsfeier, auf welche Tags zuvor der ord. L. Hertel vorbereitet hatte. Am 14. November Ansprache des Directors an die Schüler zur Erinnerung an einen ehemaligen Zögling des Gymnasiums, den verst. Provincial-Schulrath Heiland, dessen Reliefbild, in Wernigerode verfertigt und auf Antrag des Direktors von dem Patronate angeschafft, gleichzeitig in der Aula befestigt wurde. Am 24. November Aufführung des Oratoriums Lazarus von Löwe unter Mitwirkung eines Theiles der oberen Schüler. Am 22. December Vertheilung der Vierteljahrscensuren in den Klassen Serta bis Tertia. Vom 23. December bis 3. Januar Weihnachtsferien. Vom 11. bis 15. Februar schriftliche Abiturientenprüfung. Am 11. März mündliche Abiturientenprüfung unter dem Vorsitz des Herrn Provincial-Schulraths Dr. Göbel, in welcher 16 Abiturienten das Zeugniß der Reife erlangten. Am 22. März Feier des Geburtstages Sr. Majestät des Kaisers und Königs, wobei Herr Dr. Knabe die Festrede hielt und der Singchor das salvum fac regem von Löwe vortrug.

IV.
Statistische Nachrichten.

1) Uebersicht der Frequenzverhältnisse
a) im Sommerhalbjahr 1877

Ostern 1877 sind aufgenommen.		Schülerzahl nach den einzelnen Klassen.											Während und am Schlusse des Sommerhalbj. 1877 sind abgegangen	
Gymnaj.	Vorbtl.	I.	IIa.	IIb.	IIIa.	IIIb.	IV$_I$.	IV$_{II}$.	V.	VI.	1.Vorb.-Klasse.	2.Vorb.-Klasse.	Summa.	Gymnaj.	Vorbtl.
60	34	31	22	20	24	47	35	35	52	43	33	21	363	23	4

b) im Winterhalbjahr 1877/78

Michaelis 1877 sind aufgenommen		Schülerzahl nach den einzelnen Klassen.											Während des Winterhalbjahres 1877/78 sind abgegangen	
Gymnaj.	Vorbtl.	I.	IIa.	IIb.	IIIa.	IIIb.	IV$_I$.	IV$_{II}$.	V.	VI.	1.Vorb.-Klasse.	2.Vorb.-Klasse.	Summa.	Gymnaj.	Vorbtl.
14	8	28	24	15	23	42	35	30	54	44	37	22	354	7	—

2) Die Maturitätsprüfung haben bestanden

a) zu Ostern 1877: 1) Carl Meumann aus Demmin, 22¼ J. alt, evangelischer Conseffion, Sohn des Paftors Meumann zu Alt-Sarnow, war 1½ J. auf dem Gymnasium (vorher auf dem Gymnasium in Stargard), 3 J. in Prima (vorher 1½ J. in der Prima des Stargarder Gymnasiums). Er studirt Theologie. 2) Hermann Scheer aus Eilenburg, 20 J. alt, evangelischer Conseffion, Sohn des Zeugschmiedemeifters Scheer in Eilenburg, war 7 J. auf dem Gymnasium, 2 J. in Prima (von der mündlichen Prüfung dispenfirt). Er studirt Mathematik. 3) Paul Obermann aus Hohenheuningen, 21 J. alt, evangelischer Conseffion, Sohn des verst. Paftors Obermann in Gröben, war 8 J. auf dem Gymnasium, 2 J. in Prima. Er studirt Theologie. 4) Wilhelm Wagner aus Herzberg, 19 J. alt, evangelischer Conseffion, Sohn des verst. Oberpredigers Wagner in Annaburg, war 6½ J. auf dem Gymnasium, 2 J. in Prima. Er studirt Theologie. 5) Johannes Kühnas aus Liebenwerda, 20 J. alt, evangelischer Conseffion, Sohn des Kreisgerichtsraths Kühnas in Torgau, war 11 J. auf dem Gymnasium, 2 J. in Prima. Er studirt Jurisprudenz. 6) Paul Fritzsche, 20½ J. alt, evangelischer Conseffion, Sohn des Paftors Fritzsche in Schilbau, war 8½ J. auf dem Gymnasium, 2 J. in Prima. Er studirt Jurisprudenz. 7) Rudolf Bünger, 17¼ J. alt, evangelischer Conseffion, Sohn des Paftors Bünger in Jerchland, war 2 J. in der Prima des Gymnasiums, nachdem er vorher das Joachimsthal'sche Gymnasium in Berlin befucht hatte (von der mündlichen Prüfung dispenfirt). Er studirt Philologie.

b) zu Michaelis 1877: 1) Hermann Scheidemantel aus Tornau, 21 J. alt, evangelischer Conseffion, Sohn des Oberförsters Scheidemantel in Tornau, war 10 J. auf dem Gymnasium, 2 J. in Prima. Er studirt Jurisprudenz. 2) Hermann Walther aus Hoyerswerda, 18 J. alt, evangelischer Conseffion, Sohn des verst. Sanitätsraths Dr. Walter in Torgau, war 1¼ J. auf dem Gymnasium, 2 J. in Prima. Er dient auf Avancement. 3) Georg Heyne aus Kirchhain, 21 J. alt, evangelischer Conseffion, Sohn des Maurermeifters Heyne in Kirchhain, war 4½ J. auf dem Gymnasium, 2 J. in Prima. Er studirt Jurisprudenz.

3) Außerdem sind folgende Schüler abgegangen

a) zu Ostern 1877 aus der 2. Vorbereitungsklasse: Johannes Troitzsch, Max Irmer — aus der 1. Vorbereitungsklasse: Paul Haage — aus Sexta: Alexander Balzer, Friedrich Langenbeck — aus Quinta: Reinhold Seeger, Otto Lempe, Louis Haage, Robert Schirlitz — aus Quarta 2. Cöt.: Paul Hilliger, Franz Weyer, Karl Klausch, Max Emmrich, Paul Lebinsky — aus Quarta 1 Cöt.: Gustav Fritzsche — aus Unter-Tertia: Hermann Großmann, Hermann Kötzschke — aus Ober-Tertia: Oskar Ferll, Alexander Bachmann — aus Unter-Secunda: Franz Urban, Justus Fleck, Max Müller, Bruno Boseck, Max Franke — aus Ober-Secunda: Walther Balzer, Markus Flaischlen, Wilhelm Petzsch, Paul Jonas — aus Prima: Paul Schäfer.

b) während und am Ende des Sommerhalbjahrs 1877 aus der 2. Vorbereitungsklasse Curt Langöhr (Mich. wieder gekommen) — aus der 1. Vorbereitungsklasse: Reinhold Kohlmann, Albert Bartsch — aus Sexta: Max Ilberg, Willy Langenbeck — aus Quarta 2. Cöt.: Otto Hentschel, Moritz Richter, Otto Petreins, Emil Kretzschmann, Adalbert Paschke, Richard Schultze — aus Quarta 1. Cöt: Max Rättig (Neuj. 78 wieder gekommen) — aus Unter-Tertia: Walbeck Strobach, Siegfried Ehrenbaum, Edmund Ebermann — aus Ober-Tertia: Oskar Laube, Emil Grotjahn, Richard Paschke, Emil Schöwitz — aus Unter-Secunda: Otto von Minnigerode, Hans Pollmar (im December wieder gekommen), Adalbert Schulz — aus Ober-Secunda: Alfred Wiegelmann, Alfred Bleuckendorff — aus Prima: Ludwig Kleinschmager, Hermann Große, Wilhelm Körwin, Paul Diedicke.

c) im Laufe des Winterhalbjahres 1877/78 aus Sexta: Gustav Meine, Albert Behrens — aus Quarta 1. Cöt.: Richard Richter, Otto Behrens — aus Unter-Secunda: Ernst Kersten — aus Ober-Secunda: Gustav Hempel, Hilmar Haase.

4) Verzeichniß der Schüler des Winterhalbjahres 1877/78.

Vorbem. Der eingeklammerte Ortsname (T. bedeutet Torgau) zeigt den jetzigen Wohnort der Eltern an, die Namen der Alumnen sind mit dem Zeichen * versehen.

Prima (28).

1. Paul Heinrich aus Eilenburg.
2. *Wilhelm Karras aus Tretnitz (Hoyerswerda).
3. Karl Behrens aus Kirchbain.
4. *Paul Piper aus Prehsch.
5. Richard Oertel aus Liebenwerda.
6. *August Wittag aus Elsterwerda.
7. Richard Heiligenstädt aus Eilenburg.
8. Ernst Michaelis aus Herzberg.
9. *Fritz Wolff aus Börln.
10. *Ernst Wolff aus Börln.
11. Rudolf Gelple aus Commende Dommitzsch.
12. Otto Lehmann aus Schmerkendorf.
13. Fritz Meerwein aus Belgern.
14. Franz Horn aus Torgau.
15. Johannes Gelple aus Commende Dommitzsch.
16. Alwin Gräbner aus Dommitzsch.
17. Alexander Hempel aus Berlin.
18. Wilhelm Bitborn aus Brinnis.
19. Martin Horn aus Torgau.
20. Martin Scheele aus Hundisburg (Bleensdorf).
21. Gerhard Reißbrodt aus Trossin.
22. Hermann Wollmer aus Halle a/S.
23. Karl Müschte aus Herzberg a. d. schw. Elster.
24. *Karl Conrady aus Naumburg a/S. (Liebenwerda).
25. Johannes Obermann aus Niederborla (Hohenleina).
26. Georg Kleinschmidt aus Torgau.
27. Otto Ullmann aus Burgdorf (Mühlberg a E.).
28. *Richard Sommer aus Düben (Bitterfeld).

Ober-Secunda (24).

1. Moritz Baudert aus Cuez (T.).
2. Johannes Neubauer aus Rehn (Kirchbain).
3. Gustav Hempel aus Berlin.
4. Curt Michael aus Berlin.
5. Otto Starke aus Herzberg (Wiebe).
6. Rudolf Heinze aus Wildenhain (T.).
7. Karl Hoyer aus Mahlitzsch.
8. Richard Eibner aus Groß-Prausitz b. Riesa.
9. Theodor Wagner aus Herzberg (T.).
10. *Karl Grotjahn aus Hummelsbüttel (Arnheim in Holland).
11. *Fritz Harttte aus Wortelde (Scheuder).
12. Hermann Möbus aus Herzberg.
13. Hilmar Haase aus Grdienbainchen.
14. *Eugen Sommer aus Düben (Bitterfeld).
15. Hermann Lange aus Lieberse (Belgern).
16. Edmund Bucke aus Schönewalde.
17. Paul Drechsler aus Querfurt (Doberschütz).
18. *Otto Doelling aus Wendisch-Buchholz (Herzberg).
19. *Hugo Rittler aus Ortrand.
20. Robert Baltin aus Torgau.

21. *Karl Hilliger aus Löbnitz (Hohenprießnitz).
22. Julius Walther aus Wiesenau.
23. *Curt von Schütz aus Erfurt (Lindenbahn).
24. Richard Zeste aus Torgau.

Unter-Secunda (15).

1. Ernst Haberstolz aus Torgau.
2. Hans Vollmar aus Prettin.
3. Reinhold Kirchhöfer aus Sendewitz.
4. *Wilhelm Bachmann aus Ploßig.
5. Arnd Jacob aus Torgau.
6. Otto Siegmund aus Groß-Rößen (T.).
7. Hermann Manitz aus Torgau.
8. Arnold Faber aus Kreyschau.
9. Gottfried Scheele aus Alvensdorf.
10. Karl Brandes aus Schmiedeberg (T.).
11. Martin Mettler aus Schweinitz (Liemehna).
12. Paul Matuich aus Bitterfeld (T.).
13. Emil Schütze aus Torgau.
14. Karl Wunderlich aus Mainsdorf.
15. Ernst Kersten aus Niemegk.

Ober-Tertia (23).

1. Georg Korth aus Köln a/Rh. (T.).
2. *Karl Rosenthal aus Berlin.
3. Carl Schirlitz aus Torgau.
4. Rudolph Metsch aus Torgau.
5. Franz Kleinschmidt aus Torgau.
6. Heinrich Pankrath aus Löhmen (Döbern).
7. Otto Müller aus Zschadau.
8. Max Bussenius aus Bernburg (T.).
9. *Richard Heisel aus Zschadau.
10. *Franz Klettner aus Elsterwerda.
11. Felix Reinstein aus Sömmerda (Belgern).
12. *Hermann Bielicke aus Sernow bei Jüterbog.
13. Ludwig Lieste aus Domsdorf.
14. *Friedrich Maeblitz aus Sernow bei Jüterbog.
15. Erich Brunner aus Gruna bei Eilenburg (Liebenwerda).
16. *Adolf Geitewitz aus Frietland (Guben).
17. Paul Stelzer aus Torgau.
18. Arnold Horn aus Torgau.
19. Fritz Simon aus Garbelegen (T.).
20. Ernst Burkhart aus Reudnitz (Leipzig).
21. *Johannes Krebs aus Frauendain (Dahlen).
22. Paul Klinzsch aus Deutsch-Lieslau (Brißen).
23. *Hermann Werth aus Staupitz bei Finsterwalde (Forsthaus Durchwehna bei Düben).

Unter-Tertia (42).

1. *Ewald Rausch aus Düben.
2. *Georg Möbes aus Rosenfeld.
3. *Franz Thon aus Hohenprießnitz.
4. *Gustav Trömer aus Brachwitz (T.).
5. *Richard Wolff aus Börln.
6. *Wilhelm Müller aus Elsterwerda.
7. *Adolf Oberfeld aus Eisleben (Elsterwerda).
8. August Rint aus Doberschütz.
9. Ernst Behm aus Lebnsdorf.
10. Curt Schröder aus Torgau.
11. Martin Trömer aus Merseburg.
12. *Max Elichner aus Martinskirchen.
13. Carl Steinkopf aus Magdeburg (T.).
14. Otto Berbig aus Alsleben (Schildau).
15. Otto Damm aus Rosenfeld.
16. Hermann Röder aus Herzberg a/Elster.
17. Carl Behrens aus Torgau.
18. Hermann Burkhardt aus Rosenfeld.
19. Julius Kühne aus Stolzenhain (Rosenfeld).
20. Carl Brettschneider aus Cossa.
21. Richard Enigl aus Dautzschen.
22. Erich Balbe aus Kotiz (T.).
23. *Bruno Bähr aus Schön-Wöllau.
24. August Loeicke aus Düßnitz.
25. Leopold Brandes aus Schmiedeberg.
26. Paul Müller aus Berlin (Burgd.:rf).
27. Hermann Dölling aus Wendisch-Buchholz (Herzberg).
28. Paul Moebes aus Rosenfeld.
29. Gottfried Bader aus Buckau.
30. Walther Bussenius aus Erfurt (T.).
31. Fritz Heinze aus Wildenhain (T.).
32. Otto Menzel aus Torgau.
33. Hermann Bopp von der Last.
34. Otto Schladitz aus Betbau (Uebigau).
35. Paul Lehmann aus Beiß.
36. *Paul Schneider aus Mühlberg.
37. Carl Lützendorf aus Herzberg.
38. Wolfgang Winzer aus Coburg (T.).
39. *Fritz Karras aus Hoyerswerta.
40. *Max Gräfenhain von Domaine Gorrenberg bei Jessen.
41. *Oswald Hobmann aus Sonrersdorf.
42. Albrecht Reiche aus Magdeburg (T.).

Quarta 1. Cöt. (35).

1. Otto Holling aus Finsterwalde.
2. Johannes Hirsch aus Kümrig (Tornig i/L.).
3. Otto Coers aus Nichtewitz (L.).
4. *Wilhelm Oertel aus Liebenwerda.
5. Gustav Jäckel aus Schmerkendorf.
6. *Ernst Windler aus Mühlberg.
7. Bernhard Troße aus Döbeltig.
8. Max Tischer aus Calbe a/S. (Schweinitz).
9. Woldemar Vogel aus Torgau.
10. Johannes Wolf aus Düben (Jüterbog).
11. Otto Elstermann aus Torgau.
12. Hans Laubert aus Kösen (L.).
13. Otto Behrens aus Braunschweig (Wesel).
14. Karl Werner aus Prettin.
15. Edgar Hande aus Cüstrin (T.).
16. Richard Theile aus Treuenbrietzen (Jüterbog).
17. Fritz Theile aus Treuenbrietzen (Jüterbog).
18. Max Reinig aus Finsterwalde.
19. *Holm Lesche aus Harochhausen (Frauenhain).
20. *Gustav Hendler aus Mühlberg.
21. Georg Präger aus Torgau.
22. Max Rättig aus Wittenberge.
23. Adolf Menzel aus Torgau.
24. *Ernst Krebszomar aus Kötten.
25. Richard Müller aus Wilcenau.
26. Emil Träger aus Torgau.
27. Franz Kruger aus Werdau.
28. Wilhelm Herrmann aus Winkel.
29. Johannes Reinhardt aus Dahnsdorf (Repiß).
30. Richard Richter aus Battauna.
31. Reinhold Eyle aus Elsnig (L.).
32. Woldemar Deutsche aus Liemehna.
33. Hermann Pankrath aus Daupschen.
34. Carl Jentzsch aus Audenhain.
35. Otto Barth aus Freienwalde (Leipzig).

Quarta 2. Cöt. (30).

1. Richard Haferland aus Finsterwalde.
2. Curt Walbe aus Packisch.
3. Wilhelm Lippmann aus Labes (L.).
4. Johannes Meyer aus Neuenhagen (T.).
5. *Paul Borchmann aus Blüthen (Dennewitz).
6. *Heinrich Mähliß aus Dennewitz.
7. Wilhelm Fritzsche aus Klein-Rößen (Lebien).
8. *Artbur Heinebagen aus Krotoschin (Jüterbog).
9. Wilhelm Dietrich aus Stoljenhain.
10. Georg Löbner aus Torgau.
11. Paul Seegert aus Jüterbog.
12. *Ernst Seeger aus Thale a/H. (Rußland).
13. Edmund Scholbach aus Mabdel.
14. Paul Kleinschmidt aus Torgau.

15. Max Schröder aus Schmiedeberg.
16. Reinhold Schulz aus Merseburg (T.).
17. Alfred Edert aus Labes (T.).
18. Wilhelm Plesse aus Trebligar.
19. Wilhelm Hoffmann aus Hirschfeld bei Elsterwerda.
20. Wilhelm Horn aus Merschwitz bei Preßsch.
21. Fritz Beder aus Himmelpfort (Kirchhain).
22. Alfred Schlüter aus Marliebhausen.
23. *Rudolf Borchmann aus Blüthen bei Perleberg (Tennewitz).
24. Johannes Freund aus Torgau.
25. Georg Gerhardt aus Herzberg.
26. Gustav Heine aus Halle a/S. (T.).
27. Fritz Münch aus Torgau.
28. *Reinhold Heinze aus Forsthaus Thiergarten ((Forsthaus Vogelgesang).
29. Otto Bürger aus Torgau.
30. *Wilhelm Kamrath aus Berlin.

Quinta (54).

1. *Ernst Lehmann aus Horst.
2. Georg Richter aus Brandenburg (T.).
3. Hermann Müller aus Rosenfeld.
4. Oskar Damm aus Erfurt (T.).
5. Richard Weber aus Süptitz.
6. Paul Pankrath aus Steinsdorf (Werdau).
7. Ernst Hennig aus Zaschwitz (Mühlberg).
8. *Paul Häniel aus Coßdorf.
9. Fritz Schröter aus Benschen.
10. Friedrich Poppo aus Schlieben.
11. *Paul Frotscher aus Zeitz.
12. *Otto Thon aus Hohenprießnitz.
13. Otto Kitzig aus Torgau.
14. Julius Löbner aus Torgau.
15. Eugen Röber aus Torgau.
16. Ernst Müller aus Modritz.
17. *Max Abrahamsohn aus Kriescht (Berlin).
18. Viktor Nernst aus Neudorf (T.).
19. Wilhelm v. Schlieben aus Straußberg (Drögnitz).
20. Hugo Lützendorf aus Herzberg.
21. Gebhard Jobow aus Annaburg (T.).
22. Franz Schwedler aus Mahitzschen.
23. Paul Rübnast aus Preßsch.
24. Philipp Eulenberg aus Torgau.
25. *Friedrich Blüthgen aus Neunauendorf.
26. Alexander Aßmann aus Torgau.
27. Curt Budwell aus Torgau.
28. Otto Pautrath aus Steinsdorf (Werdau).
29. Paul Reinstein aus Weißensee (Belgern).
30. Emil Kirmse aus Schilau.
31. *Georg Dröhmer aus Berlin.
32. Paul Taubert aus Torgau.
33. *Siegfried Abrahamsohn aus Kriescht (Berlin).
34. Walther Horn aus Torgau.
35. Robert Berndt a. Hohndorf (T.).
36. Emil Wehnert aus Erfurt (Salmünster).
37. Karl Wolter aus Süptitz.
38. Theodor Abel aus Breitenhagen.
39. Martin Linke aus Liebenwerda (Zinna).
40. Wilhelm Hülfe aus Hohenbuchen (Schwarzbach).
41. Karl Damm aus Erfurt (T.).
42. Georg Koniß aus Torgau.
43. Max Gläsel aus Vorwerk Plessen bei Dobrilug.
44. Otto Cuenzler aus Mansfeld (Gerbstedt).
45. Otto Appelt aus Lichtenburg.
46. Alfred Hande aus Küstrin (T.).
47. Hans Möbes aus Rosenfeld.
48. James Goldberger aus Berlin.
49. Fritz Grosch aus Torgau.
50. Kurt Mätze aus Mebderitzsch.
51. *Hermann Zoller aus Buchholz (Stettin).
52. Gustav Gieppner aus Torgau.
53. Bernhard Otto aus Bereslaw.
54. Rudolf Werner aus Seyda (T.).

(Sexta 44).

1. Karl Müller aus Fermerswalde (Schützberg).
2. Karl Söhmisch aus Großrössen.
3. Karl Rättig aus Torgau.
4. Rudolf Schröder aus Torgau.
5. Johannes Ilberg aus Belgern (T.).
6. Hermann Kransch aus Eulenau.
7. Hans Hellwig aus Torgau.
8. Wolfgang Bergemann aus Reiße (T.).
9. Max Höbler aus Forst bei Cottbus.
10. *Hermann Dümichen aus Hohengörsdorf (Jüterbog).
11. Paul Müller aus Mcoderitzsch.
12. Wilhelm Pankrath aus Daubschen (Großtreben).
13. Felix Böttger aus Schilau.
14. *Karl Langenbeck aus Brettin (Lichtenburg).
15. Alwin Fichte aus Mühlberg.
16. Arndt Bruz aus Berlin.
17. Hermann Linde aus Liebenwerda (Zinna).
18. Max Schneider aus Schirmenitz.
19. Curth Präger aus Torgau.
20. Franz Taubert aus Graudenz (T.).
21. Felix Dölling aus Torgau.
22. *Karl Dietrich aus Elsterwerda.
23. Gustav Meine aus Wernigerode (Mehberitzsch).
24. Fritz Taubert aus Torgau.
25. Günther von Kauffberg aus Döbern.
26. Kurt von Wulffen aus Wiederau.
27. Willibald Röber aus Torgau.
28. Ernst Andres aus Borgisdorf bei Jüterbog.
29. Max Flemmig aus Baruth.
30. Emil Wenzel aus Torgau.
31. Hermann Löwe aus Sardorf.
32. Hans Krause aus Wildenhain (T.).
33. Justus Heinze aus Wildenhain (T.).
34. Otto Settegast aus Torgau.
35. Albert Behrens aus Braunschweig (Torgau).
36. Karl Ebermann aus Torgau.
37. Hermann Reinhardt aus Dabrsdorf (Repitz).
38. Hugo Schwiering aus Weißenfels (Torgau).
39. Kurt Vogel aus Torgau.
40. Kurt Schulze aus Küstrin.
41. Ernst Grau aus Torgau.
42. Eduard Franke aus Belgern.
43. Waldemar Clausen aus Kaltenkirchen (Belgern).
44. Karl Bucerius aus Torgau.

1. Vorbereitungsklasse (37).

1. Otto Lutzmann aus Werbau.
2. Emil Giese aus Greifswald (T.).
3. Fritz Bauch aus Torgau.
4. Feodor Werwach aus Hadersleben (T.).
5. Arthur Hofmann aus Torgau.
6. Eugen Richter aus Alt-Landsberg (T.).
7. Paul Zöller aus Stebla.
8. Paul Rieschke aus Torgau.
9. Timon v. Menthe-Zini aus Berlin (T.).
10. Gustav Ahlborn aus Magdeburg (T.).
11. Wilhelm Schwiering aus Erfurt (T.).
12. Hans Bebrens aus Torgau.
13. Gustav Reiche aus Torgau.
14. Hans Mannengießer aus Görlitz (T.).
15. Fritz Schulze aus Küstrin (T.).
16. Georg Nernst aus Schwerienz (T.).
17. Max Kummer aus Bedwig.
18. Wilhelm Steude aus Torgau.
19. Erich Meyer aus Förderstädt (T.).
20. Karl Korib aus Emden (T.).
21. Bernhard Werner aus Seyda (T.).
22. Alfred Hofmann aus Kelbra (T.).
23. Waldemar Uedermann aus Stettin (T.).
24. Richard Giesel aus Torgau.
25. Emil Elsing aus Torgau.
26. Albert Siegemund aus Großrössen (T.).

27. Wilhelm Iburm aus Erfurt (T.).
28. Otto Schmidt aus Werdau (T.).
29. Max Vogel aus Torgau.
30. Otto Werner aus Sepda (T.).
31. Richard Schulze aus Torgau.
32. Richard Keßler aus Brandenburg (T.).
33. Arthur Hande aus Küstrin (T.).
34. Richard Meyer aus Torgau.
35. Paul Damm aus Torgau.
36. Emil Hesse aus Torgau.
37. Hans Mähte aus Mebderißsch.

9. Vorbereitungsklasse (29.)

1. Abthl.

1. Fritz Mucke aus Torgau.
2. Otto Simon aus Posen (T.).
3. Ferdinand Krause aus Ratibor (T.).
4. Curt Zlberg aus Belgern (T.).
5. Fritz Zlberg aus Belgern (T.).

6. Hermann von Kauffberg aus Döbern.
7. Waldemar Ulrich aus Sizenroda (Altlönnewitz).
8. Max Dienst aus Torgau.
9. Curt Langöbr aus Torgau.
10. Ernst Wenzel aus Torgau.
11. Hans Schulze aus Sömmerda (T.).
12. Guido Schröder aus Torgau.
13. Fritz Hellwig aus Torgau.
14. Emil Mertens aus Torgau.
15. Franz Walleiser aus Belgern (T.).

2 Abthl.

16. Hans Keßler aus Torgau.
17. Theodor Steinkopff aus Magdeburg (T.).
18. Max Böhme aus Torgau.
19. Fritz Maehte aus Mebderißsch (T.).
20. Paul Krause aus Torgau.
21. Walter Schulze aus Tornau.
22. Ulrich Bergemann aus Reiße (T.).

V.

Stand der Unterrichtsmittel.

1) Die Gymnasial-Bibliothek erhielt folgende Vermehrungen

a) durch Geschenke. Das Hohe Unterrichts-Ministerium schenkte: Rheinisches Museum für Philologie Jahrgang 1877, ferner: Schneider's Beiträge zur alten Geschichte und Geographie der Rheinlande 10. und 11. Folge (durch Vermittelung des Königl. Provincial-Schulcollegiums). — Die Weidmannsche Buchhandlung in Berlin: Zeitschrift für deutsches Alterthum von Steinmeyer, neue Folge 9. Band. — Der Provincial-Ausschuß der Provinz Sachsen: Regesta Archiepiscopatus Magdeburgensis von G. A. von Mülverstedt 1. Th. — Herr Lieutenant Mackensen im 1. Leibhusaren-Regiment, von 1859 bis 1865 Schüler des hiesigen Gymnasiums: Das 2. Leibhusaren-Regiment im Kriege gegen Frankreich 1870—1871. — Die historische Commission der Provinz Sachsen: Neujahrsblätter, herausgegeben von der historischen Commission der Provinz Sachsen 2 (Cardinal Albrecht von Mainz und die Erfurter Kirchenreformation von Wilhelm Schum).

b) durch Ankauf aus der Klüpel'schen Stiftung: Schmidt, Synonymik der griechischen Sprache 1. Bd. — Horatius Flaccus, Sermones von Fritzsche. — Horatius, Satiren. Lateinisch und deutsch von Döderlein. — Jenaer Literaturzeitung Jahrgang 1877. — Heeren, Ukert und Giesebrecht, Geschichte der europäischen Staaten. 38. Lieferung 1. Abth. Reumont, Geschichte Toscana's. III. — Zeitschrift für das Gymnasialwesen 1877. — Moyn-Beschier's vollständiges Handwörterbuch der deutschen und französischen Sprache. 4 Bände mit Supplement. — Waitz, Deutsche Verfassungsgeschichte Bd. 1, Bd. II, Br. V, Bd. VI, Bd. VII. — Philolog. Anzeiger als Ergänzung des Philologus, herausgegeben von Leutsch. Bd. VIII. — Philologus von Leutsch. Band 36. — Poggendorff, Annalen der Physik und Chemie. Ergänzungsb. VIII. Heft 2 und 3. — Merguet, Lexikon zu den Reden der Cicero u. s. w. Bd. 1. Lfg. 16—19. — Dräger, historische Syntax der lateinischen Sprache. 4. Thl. Lfg. 1. — Centralblatt für die gesammte Unterrichts-Verwaltung in Preußen. Jahrgang 1877. — Heeren, Ukert und Giesebrecht, Geschichte der europäischen Staaten. 38. Bd. 2. Abth. Hillebrandt, Geschichte Frankreichs 1830—1871. — Grimm's deutsches Wörterbuch. Bd. IV. Abth. I. Lfg. 9. Abth. II. Lfg. 11. Bd. VI. Heft 1. — Monatsbericht der Königl. Akademie der Wissenschaften zu Berlin Jahrgang 1877. — Heeren, Ukert und Giesebrecht, Geschichte der europäischen Staaten. 39. Lfg. 1. und 2. Abth. Hertzberg, Geschichte Griechenlands. 2. und 3. Th. — Lexer, mittelhochdeutsches Handwörterbuch. Lfg. 16. — Allgemeine Encyclopädie der Wissenschaften und Künste, herausgegeben von Ersch und Gruber. 1. Section. 96 Thl. — Steinthal, der Ursprung der Sprache. 3. Aufl. Lehmann, sprachliche Sünden der Gegenwart. — Neue Jahrbücher für Philologie und Pädagogik, herausgegeben von Fleckeisen und Masius. Jahrgang 1876.

c. aus der Glasewald'schen Stiftung wurden angeschafft: Sprunner's Hand-Atlas für die Geschichte des Mittelalters und der neueren Zeit. 3. Aufl. bearbeitet von Mente. Lfg. 16—18. — Annalen der Physik und Chemie, herausgegeben von Poggendorff. Jahrgang 1877. — Crelle's Journal für reine und angewandte Mathematik, herausgegeben von Borchardt. Bd. 83.

2) für die Schüler-Bibliothek wurden folgende Bücher angeschafft

in den Jahren 1876—1877: Petermann, geographische Mittheilungen, Jahrg. 1876 und 1877. — Die Geschichtschreiber der deutschen Vorzeit. Lfg. 53. — Hobirk, Wanderungen auf dem Gebiete der Länder- und Völkerkunde. Bd. 19—25. — Schleicher, die deutsche Sprache. — Bernhardi, Geschichte Rußlands. 3. Thl. — Register zur Weber's Weltgeschichte Bd. 9—12. — Inhaltsverzeichniß zu Petermann's geogr. Mittheilungen von 1865—1874. — Weber's Allgemeine Weltgeschichte. 13. Bd. 1 Hälfte. — Reuter's Werke. Volksausgabe Lfg. 1—8.

3) Das physische Cabinet erhielt folgende Vermehrungen:

Tisch mit Glasschrank, Kohlenspitzen, Kupferdraht, Secundäre Batterie nach Planté, Chemikalien und Glassachen.

4) Die Lehrmittel für den Zeichenunterricht wurden vermehrt durch

A. Seemann's kunsthistorische Bilderbogen.

VI.
Beneficien.

Es erhielten:

1) Das Christiani'sche Legat: Scheidemantel, Piper, Wolff I., Mittag, Wolff II., Obermann.

2) Das Stempel'sche Legat (Ostern 1877): Piper, Wolff I.

3) Das Schanze'sche Legat (Ostern 1877): Oertel, Müschke.

4) Das Kirchner'sche Legat (December 1877): Baltin, Elschner, Deuticke, Richter, Jäckel, Otto.

5) Das Stiftungsgeld für Schwimmschüler (Mai 1877): Trömer, Oertel, Barth, Reinig, Weber, Reinhardt.

6) Das für die Aktus-Redner bestimmte Legat (Ostern 1877): Obermann, Bünger, Wagner, Meumann, Scheidemantel.

7) Das für die Stubenoberen des Alumnats bestimmte Schröder'sche Legat zu Ostern 1877: Scheer, Wolff I., Karraß, Scheidemantel, Obermann, Mittag, Piper, Oertel — Michaelis 1877: Scheidemantel, Karraß, Wolff I., Wolff II., Piper, Mittag, Conrady, Sommer I.

8) Das für die Stubenoberen des Alumnats bestimmte Prager-Unruh'sche Legat (Ostern 1877): Scheer, Wolff I., Karraß, Scheidemantel, Obermann, Mittag, Piper, Oertel.

9) Das für den 1. Stubenoberen des Alumnats bestimmte Müller-Amsinck'sche Legat: Scheer.

10) Freitische resp. Unterstützung in Geld gewährten einzelnen Schülern:

Die Herren Oberstabsarzt Dr. Bussenius, Divisionsprediger Dietrich, Gymnasial-Oberlehrer Gottschid, Gymnasial-Direktor Dr. Haade, Bürgermeister Horn, Buchhändler Jacob, Major Johow, Kreisgerichtsrath Ilberg, Kaufmann Kinder, General-Major und Kommandant von Köthen, Kreisgerichts-Direktor Kolbenach, Hotelbesitzer Kröbel, Kreisgerichtsrath Kühnaß, Rentier Mahler, Kaufmann Mann, Ober-Controleur Meyer, Oekonom A. Münch, Bürgerschullehrer Platz, Oberst-Lieutenant von Renthe-Fink, Diakonus Rühlmann, Senator Schmidt, Oekonom Schüller, Dr. med. Steinkopf, Förster Sidert, Proviantmeister Simm, Pastor em. Webner, Oekonom C. Wenzel, Oekonom M. Wenzel, Kaufmann Wilisch, Zimmermeister Wolff, Frau Brauereibesitzer Bürger, Frau Dr. Friedrich, Frau Hotelbesitzer Werner.

VII.
Ankündigung des Redeactus und der Aufnahmeprüfung.

1) Der Rede- und Entlassungsactus wird Dienstag den 9. April Abends 7 Uhr stattfinden und zwar in folgender Ordnung:

Zur Eröffnung: „Frühlingsahnung" von Mendelssohn.

Fritz Meerwein aus Belgern: Deutschland's Macht unter den Hohenstaufen, latein. Vortrag.

Richard Heiligenstädt aus Eilenburg: Des Alcibiades Politik, griechischer Vortrag.

„Die Primel" von Mendelssohn.

Ernst Wolff aus Börln: Friedrich der Große und Voltaire, französischer Vortrag.

Alwin Gräbner aus Dommitzsch: Der Cheruster Hermann, der Befreier Deutschland's, in lateinischen Versen.

„Frühlingsfeier" von Mendelssohn.

Franz Horn aus Torgau: Ueber die Gründe des Gelingens der Kirchenreformation in Deutschland nebst Worten des Abschiedes, deutscher Vortrag.

Martin Scheele aus Hundisburg: Erwiederung des Abschiedes, in deutschen Versen.

„Dank sei unsrem Gott" von Heinrich Schütz.

Entlassung der Abiturienten durch den Direktor.

Choral: „Lobe den Herren, o meine Seele".

2) Die Prüfung der aufzunehmenden Schüler findet Mittwoch den 24. April Vormittags statt und zwar für die Gymnasialklassen um 9 Uhr, für die beiden Vorbereitungsklassen um 11 Uhr. Die aufzunehmenden Schüler haben außer Schreibmaterialien Impfzeugnisse (Schüler über 12 J. Nachimpfungszeugnisse) mitzubringen. Der Unterricht des Sommerhalbjahres beginnt Donnerstag den 25. April früh 7 Uhr.

Schlußwort an die Eltern resp. Vormünder der Schüler.

Die Schule ist darauf bedacht, durch die den Schülern aufgegebene häusliche Beschäftigung den Erfolg des Unterrichts zu sichern und die Schüler zu selbständiger Thätigkeit anzuleiten, aber nicht einen der körperlichen und geistigen Entwickelung nachtheiligen Anspruch an die Zeitdauer der häuslichen Arbeit der Schüler zu machen. In beiden Hinsichten hat die Schule auf die Unterstützung des elterlichen Hauses zu rechnen. Es ist die Pflicht der Eltern und deren Stellvertreter auf den regelmäßigen häuslichen Fleiß und die verständige Zeiteintheilung ihrer Kinder selbst zu halten, aber es ist eben so sehr ihre Pflicht, wenn die Forderungen der Schule das zuträgliche Maß der häuslichen Arbeitszeit zu überschreiten scheinen, davon Kenntniß zu geben. Die Eltern oder deren Stellvertreter werden ausdrücklich ersucht, in solchen Fällen dem Direktor oder dem Klassenordinarius persönlich oder schriftlich Mittheilung zu machen, und wollen überzeugt sein, daß eine solche Mittheilung dem betreffenden Schüler in keiner Weise zum Nachtheil gereicht, sondern nur zu eingehender und unbefangener Untersuchung der Sache führt. Anonyme Zuschriften, die in solchen Fällen gelegentlich vorkommen, erschweren die genaue Prüfung des Sachverhaltes und machen, wie sie der Ausdruck mangelnden Vertrauens sind, die für die Sache unerläßliche Verständigung mit dem elterlichen Hause unmöglich.

Dr. Haacke.